VIVOS NA MEMÓRIA

LEYLA PERRONE-MOISÉS

Vivos na memória

COMPANHIA DAS LETRAS

Copyright © 2021 by Leyla Perrone-Moisés

Grafia atualizada segundo o Acordo Ortográfico da Língua Portuguesa de 1990, que entrou em vigor no Brasil em 2009.

Capa e caderno de fotos
Raul Loureiro

Foto de capa
Sem título, 1951, óleo sobre tela de Samson Flexor, 45 × 25 cm.
Reprodução de Ariel From.

Preparação
Camila Boldrini

Revisão
Marise Leal
Clara Diament

Índice onomástico
Luciano Marchiori

Dados Internacionais de Catalogação na Publicação (CIP)
(Câmara Brasileira do Livro, SP, Brasil)

Perrone-Moisés, Leyla
   Vivos na memória / Leyla Perrone-Moisés. — 1ª ed. — São
Paulo : Companhia das Letras, 2021.

   ISBN 978-65-5921-039-8

   1. Literatura 2. Memórias I. Título.

21-57137   CDD-800

Índice para catálogo sistemático:
1. Literatura   800

Cibele Maria Dias – Bibliotecária – CRB-8/9427

[2021]
Todos os direitos desta edição reservados à
EDITORA SCHWARCZ S.A.
Rua Bandeira Paulista, 702, cj. 32
04532-002 — São Paulo — SP
Telefone: (11) 3707-3500
www.companhiadasletras.com.br
www.blogdacompanhia.com.br
facebook.com/companhiadasletras
instagram.com/companhiadasletras
twitter.com/cialetras

A morte é a curva da estrada,
Morrer é só não ser visto.
Se escuto, eu te oiço a passada
Existir como eu existo.

Fernando Pessoa

Sumário

Introdução 9

Flexor e o Atelier Abstração 13
Décio de Almeida Prado, Antonio Candido
e o Suplemento Literário 25
Remanescentes do modernismo 35
Viagens a Portugal 41
Os nouveaux romanciers 50
Michel Butor, um clássico do século xx 55
Claude Simon, o Nobel desconhecido 63
Albertine, a prisioneira 72
Tzvetan Todorov, o humanista que veio do frio 81
Viajando com Haroldo de Campos 89
Lembranças de Osman Lins 100
Julio Cortázar, encontros e desencontros 107
Benedito Nunes, tesouro da Amazônia 116
Roland Barthes: luto e faits divers 122
Jacinto, um senhor professor 134

Luciana, uma grande dama 140

Em Montevidéu, "a coquete" 146

Leminski, o samurai malandro 155

Waly furacão 160

José Saramago, o homem do "não" 165

Lévi-Strauss, espectador de *Macunaíma* 174

Maurice Nadeau, "um cara formidável" 180

Gilles Lapouge, o jornalista poeta 190

Jacques Derrida, filósofo do porvir 197

Eduardo Lourenço revisitado 213

Flashes 218

Epílogo 227

Agradecimentos 229

Créditos das imagens 231

Índice onomástico 233

Introdução

No filme *Charada*, dirigido por Stanley Donen em 1963, há um diálogo delicioso. Audrey Hepburn está numa estação de esqui, sentada numa cadeira e usando enormes óculos escuros. Cary Grant se aproxima dela e lhe diz: "Posso me apresentar?". Ela baixa um pouco os óculos, olha para ele com aqueles olhos lindos e responde: "Não. Eu conheço tanta gente que, para conhecer uma pessoa nova, é preciso que alguém morra". Se a resposta não fosse tão cruel, eu poderia adotá-la. Infelizmente, quando se chega a uma idade avançada, muitos de nossos conhecidos já morreram. Felizmente, também tenho me relacionado com pessoas mais novas, que certamente sobreviverão a mim.

As memórias são um gênero cultivado por pessoas longevas que têm muito a contar sobre suas vidas. Eu não tenho nada de especial para contar a meu respeito, mas tenho muito a contar sobre pessoas que conheci. Uma das bênçãos de minha vida foi ter convivido com pessoas notáveis.

Para explicar por que tive essa sorte, preciso falar um pouco de mim. Quando jovem, num tempo que já considero outra encarnação, fui pintora. Minhas atividades artísticas duraram sete anos, de 1953 a 1960, período durante o qual participei de exposições de grupo e tive obras exibidas na III e IV Bienais de São Paulo. Naquele contexto, convivi com muitos artistas plásticos que hoje são nomes conhecidos. Minha segunda encarnação, que dura até hoje, é a de crítica literária e professora universitária. Nos anos 1960, abandonei a pintura e comecei a escrever sobre literatura francesa no jornal *O Estado de S. Paulo*. Ingressei depois no ensino universitário e, à medida que o tempo foi passando, ampliei o meu terreno de atuação para outras literaturas. Essas atividades me proporcionaram muitas viagens, durante as quais fui conhecendo numerosos escritores e professores universitários. Alguns se tornaram meus amigos, com outros tive apenas breves mas decisivos contatos. Além disso, era o tempo das cartas, muito mais longas e pessoais do que as mensagens por e-mail.

Várias das pessoas que aparecem aqui são famosas por suas vidas e obras. Por serem elas famosas, os capítulos deste livro corriam o risco de se transformar em minibiografias ou verbetes de enciclopédia. Não era essa minha intenção. O que eu pretendia era recuperá-las como pessoas, lembrando momentos particulares que compartilhamos. Quem quiser saber mais sobre elas, pode recorrer à internet, ver suas fotografias e vídeos, contemplar seus quadros, ler seus livros e os livros que foram escritos a seu respeito. E isso já será um programa e tanto.

Algumas pessoas aqui referidas de passagem — e algumas não referidas — foram tão importantes para mim quanto essas. Entretanto, como não escrevi essas lembranças a partir apenas de meus afetos, limitei-me àquelas que podem ser de interesse geral. Os capítulos deste livro são *tombeaux*, gênero musical e literário de homenagem póstuma. Diferentemente dos túmulos reais, em que as pessoas desaparecem, esses *tombeaux* pretendem trazê-las de volta. Elas continuam vivas não só em minha memória, mas na memória coletiva. Agora são nomes de ruas, de instituições e de prêmios. Mais do que a mim, essas pessoas fazem falta ao mundo. Roland Barthes inventou uma palavra-conceito que também serve para definir os capítulos deste livro. Em *Sade, Fourier, Loyola* (1971), ele escreveu: "Se eu fosse escritor e morto, como eu gostaria que minha vida se resumisse, aos cuidados de um biógrafo amigável e desenvolto, a alguns pormenores, a alguns gostos, a algumas inflexões, digamos a 'biografemas', cuja distinção e mobilidade pudessem viajar fora de qualquer destino e vir tocar, como átomos epicurianos, algum corpo futuro, prometido à mesma dispersão".

O que registrei aqui são "biografemas", isto é, traços e gestos de pessoas, lembradas não apenas como personalidades dignas de biografia, mas como indivíduos extraordinários no cotidiano. Todas elas contribuíram, de uma maneira ou de outra, para que minha vida pessoal e intelectual tenha sido muito rica. Estes biografemas são, assim, uma forma de agradecimento.

L. P-M

Flexor e o Atelier Abstração

Quando criança, eu desenhava muito, e meu projeto de vida era ser pintora. Em minha adolescência, frequentei dois cursos livres de belas-artes. Do primeiro, em 1950, lembro-me mal: era um curso oferecido na Galeria Prestes Maia, num local escuro e empoeirado. Naquele espaço, copiávamos a carvão, em grandes folhas pardas, objetos de gesso que pareciam ruínas de algum cemitério: cabeças de anjos com olhos vazados, capitéis de colunas e ornatos barrocos. Uma luz soturna e enviesada providenciava as sombras, objeto principal de nossa aplicação. Lembro-me também de uma garrafa verde, redonda e parcialmente empalhada (de vinho chianti? sobra de alguma cantina?), cujo brilho fosco tentávamos reproduzir com bastonetes de pastel, que se quebravam facilmente, borrando o papel e nossos dedos. Naquela época, num parque de diversões, uma cigana leu a minha mão e disse que eu seria uma grande artista. Ao chegar em casa, vi que tinha cores variadas entranhadas nas unhas.

A segunda escola livre que frequentei, em 1951, deixou-me lembranças bem mais nítidas. Foi no Museu de Arte de São Paulo, na rua Sete de Abril, ainda brilhando sob os holofotes de sua inauguração quatro anos antes. O professor de desenho era um italiano chamado Roberto Sambonet. Lembro-me dele como um homem bonito, discreto e cortês, que dizia a meus pais, quando eles iam me buscar após as aulas: "Ela tem muito jeito" (que ele pronunciava *cheito*). Só muito mais tarde vim a saber que Sambonet se tornou um grande nome do design do século xx, com vários prêmios e obras no MoMA, em Nova York. Em 2008, ele foi homenageado com exposições no Palazzo Madama de Turim e, em 2009, no Museu da Casa Brasileira de São Paulo, com uma exposição intitulada Do Brasil ao Design. Ele era muito ligado a Pietro Bardi e Lina Bo Bardi, e sua temporada no Brasil se estendeu de 1948 a 1953.

O ensino de Sambonet também era tradicional, mas não empoeirado. Nas mesmas grandes folhas de papel pardo (eram blocos? usam-se ainda?), com o mesmo carvão, eu copiava objetos mais nobres: as estátuas do museu. Assim, aquela banhista robusta e negra de Renoir tornou-se minha conhecida íntima, retratada de todos os ângulos, ou melhor, curvas possíveis. Ainda hoje, quando a vejo no Museu, tenho vontade de lhe dar um tapinha conivente. Também no Museu de Arte havia aulas com modelo vivo. Era uma mulher nua que eu não achava bonita, mas que admirava por recriar aquela cena tantas vezes vista nos quadros do século xix: interior de ateliê.

Em 1951, um grande evento agitou a vida artística de São Paulo e mudou minha vidinha de aspirante a pintora. Foi a i Bienal. Toda aquela "arte moderna" ali exposta vinha atualizar minha aprendizagem de história da arte, realizada em cursos da Aliança Francesa e em livros comprados um a um e folheados infinitas vezes. Entre as obras que me impressionaram naquela i Bienal, havia alguns quadros religiosos que admirei intensamente. Anotei, num caderninho, o nome do artista: Samson Flexor.

Quando e como fiquei sabendo que aquele artista residia em São Paulo, não sei dizer. Mas ainda me lembro da excitação com que comuniquei a meus pais que eu "precisava" ser aluna dele. Meus pais assentiram, primeiro porque eram muito receptivos a todo desejo de estudo dos filhos, e segundo porque era uma troca. Eu planejava ir para a Escola de Belas-Artes quando terminasse o colegial, e eles achavam essa perspectiva quase tão indesejável quanto outra veleidade minha: ir estudar em Paris, com uma bolsa que ganhara na Aliança Francesa. Segundo meus pais, diploma de belas-artes não me asseguraria uma profissão, e Paris era um lugar perigosíssimo para uma virgem nos anos 1950.

A troca seria a seguinte: meus pais bancariam o curso particular com aquele "pintor francês" e eu desistiria da Escola de Belas-Artes, encaminhando-me para o curso de letras, do qual eu sairia professora, segundo eles profissão mais adequada a uma mulher. As razões eram equivocadas, porém o resultado não foi mau. Não me tornei grande pintora (apesar da predição da cigana), mas aprendi muito e fui muito feliz nos seis anos seguintes.

Samson Flexor, nascido em 1907 na Bessarábia, residente na França desde 1924, viera para São Paulo em 1948 e fundara um grupo, o Atelier Abstração, em 1951. Em Paris, participara das vanguardas francesas e fora amigo de Matisse, Fernand Léger e André Lhote. Trouxe então, para São Paulo, o conhecimento e a experiência do melhor que a arte francesa produzira no pré-guerra.

Lembro-me do primeiro dia em que subi a escada de sua casa, um sobradinho da alameda Santos, em 1952. Eu ainda era estudante secundária, usava rabo de cavalo e vestia o uniforme do Colégio Sion. O mestre me acolheu calorosamente, em parte porque esse era seu temperamento, generoso e sociável, mas creio que também por eu ser tão jovem. Os outros artistas que tomavam aulas com ele eram mais velhos, tinham mais prática e personalidades artísticas já definidas. Jacques Douchez, Alberto Teixeira, Leopoldo Raimo, Emilio Mallet e eu armávamos nossos cavaletes numa salinha apertada.

Jacques Douchez (1921-2012) era francês e professor no Liceu Pasteur de São Paulo. Muito culto e espirituoso, tinha uma inteligência rápida e propensa a comentários agudos, condizentes com sua magreza angulosa e sua mobilidade corporal. Suas obras eram sóbrias e tendiam à monumentalidade. Mais tarde, com Norberto Nicola, dedicou-se à arte da tapeçaria. Alberto Teixeira (1925-2011), português, morava com sua mãezinha muito lusitana e era sério e sensível. Vivia sempre em apuros financeiros e trocava pequenos favores por seus belos quadros. Mais tarde, estabilizou-se como professor de artes em várias instituições de Campinas. Fino colorista, praticava um abstracionismo lírico. Leopoldo Raimo (1912-2001) era médico. Suas obras de finas linhas entrelaçadas eram pintadas com a calma e a precisão de uma cirurgia. O convívio com ele era agradável, em virtude de seu temperamento calmo e generoso. Emilio Mallet era mais jovem do que os anteriores. Extremamente discreto, desapareceu depois sem que eu tivesse mais notícias dele.

Flexor viu, em mim, a possibilidade de experimentar uma técnica de ensino que, segundo ele mesmo declarou, ainda não tinha tido oportunidade de testar. Além disso, a caçula do ateliê falava francês, língua usual dele e de sua família. Fizemos tábula rasa de minhas experiências anteriores, partimos da estaca zero. O mestre colocou sobre uma mesa alguns objetos — um violão, um vaso, uma bandeja — e pediu-me não que os copiasse, mas que observasse a relação entre as formas e as dimensões, e procurasse as linhas ocultas que podiam ligar esses objetos uns aos outros e às margens do papel. Para realizar esse trabalho eu só dispunha de um lápis nº 2, uma borracha, uma régua comprida e um esquadro. As linhas que eu ia traçando criavam, no interior dos objetos representados, numerosas formas menores, que eu devia "colorir" apenas com traços paralelos ou cruzados, mais claros ou mais escuros, sem preocupação com as sombras da realidade, apenas com a composição total que se ia formando. A essas diferentes intensidades de claro e escuro, Flexor chamava "valores", e mais tarde vim a compreender sua importância.

Depois de algumas "naturezas-mortas" realizadas com essa técnica, fui promovida ao uso do guache. Apenas dois tubinhos compunham minha paleta: branco e preto. As misturas desses dois elementos produziam os "valores" que antes eu criava com riscos e quadriculados. Flexor me mostrou como as mínimas variações na dosagem do branco e do preto, e dependendo da vizinhança, quase criavam cores. Tendo feito progressos nessa pesquisa, ganhei, como prêmio, um tubinho de guache marrom. Ora, a mistura do marrom no branco e no preto era capaz de criar verdadeiras cores, mais frias ou mais quentes, e a gama era espantosamente vasta.

Só depois de um tempo nessa exploração foram-me facultadas outras cores. Enquanto isso, eu aprendera algumas coisas com o mestre: o gosto pelo trabalho paciente e bem executado; a repulsa pelas misturas "sujas", frutos do acaso e do descaso; a recusa dos "valores" mal definidos que, quando vizinhos, criavam efeitos desagradáveis ao olhar; a tendência a prolongar as linhas mestras, sem deixar pontas soltas. O que eu estava aprendendo era a tramar aquela teia geométrica que, aparente ou não, sustentava os quadros do mestre. Também estava aprendendo a tratar as técnicas com conhecimento íntimo e respeito por suas características: de quanta água necessita o guache, por quanto tempo ele permite mistura, em quanto tempo seca etc.

Depois do guache, passei ao óleo. Foi uma verdadeira promoção. Com a tinta a óleo pode-se fazer tudo o que se quiser. Aprendi então o grande amor por todos os objetos da pintura: desde a tela, que o mestre ensinava a preparar e a esticar (nunca sem cunhas no chassi, para não empenar), até a moldura, feita de ripas que nós mesmos serrávamos, lixávamos e pregávamos; os diferentes pincéis, grandes, pequenos, chatos e duros, finos e macios; as espátulas; os tubos de tinta, alinhados na caixa de madeira, promessas de alegria; e aquele cheiro de terebintina envolvendo tudo como um incenso ou um leve entorpecente. As cores tinham nomes lindos, às vezes mais bonitos do que o conteúdo do tubo: azul cerúleo, terra de siena, amarelo-ouro, vermelho púrpura, magenta... Uma dessas cores era o objeto de desejo de todo o Atelier Abstração: o *vert de baryte*, que Jacques Douchez nos trazia de suas viagens à França. Bastava um toque desse verde no azul para se obter uma cor turquesa inigualável.

Só usávamos branco de prata; o de chumbo, com o tempo, manchava. E o branco era muito importante, já que todos nós, uns mais, outros menos, mimetizávamos a predileção do mestre pelos fundos brancos. O preto tinha de ser importado; o nacional secava de modo irregular. Flexor nos transmitia a formação europeia clássica que era a sua, baseada no conhecimento aprofundado das técnicas e no repúdio à improvisação. Um exemplo: nada o indignava mais do que ver chamarem de afresco qualquer pintura mural. Quando ele realizou seus belíssimos afrescos da igreja do Perpétuo Socorro, cuidou de tudo, desde a preparação da parede até a última pincelada. Era coisa para durar. O mesmo conhecimento e o mesmo cuidado ele revelava na aquarela, na serigrafia. Era um mestre artista e não um improvisador. Tudo isso íamos aprendendo na prática e pelo exemplo.

Seu ensino não era discursivo, embora os numerosos textos que ele deixou comprovem uma grande capacidade teórica e argumentativa. Seus comentários aos trabalhos dos alunos nunca eram totalmente negativos, e os conselhos eram discretos. Lembro-me dele sempre atento, olhando por sobre meus ombros a tela que eu pintava. Sua presença silenciosa, denunciada pela fumaça de um charuto ou cachimbo, era imponente mas não intimidante. Corpulento como um de seus futuros *Bípedes* (figuras monumentais de sua última fase), mas não trágico como eles, era sempre bem-humorado. Uma mecha de cabelo caída na testa dava-lhe um ar de eterno adolescente. O brilho de seu olhar podia ser irônico, mas nunca maldoso. Para a adolescente que eu era, ele era uma figura paternal.

Quando passei à pintura a óleo, adotei naturalmente o abstracionismo geométrico. Flexor fazia a defesa obstinada do abstracionismo que, na década de 1950, já era por assim dizer institucionalizado no mundo, mas ainda contestado no Brasil. A principal acusação era a de "desumanização" da arte. Ele respondia que, se ao andar numa praia deserta encontrássemos um círculo perfeito desenhado na areia, saberíamos que por ali havia passado um homem. Também nos mostrava a relação íntima das formas geométricas com as formas naturais (conchas, cristais etc.) e nos introduzia nos cálculos matemáticos da proporção áurea.

Ele não admitia que traçássemos nossas linhas com tira-linhas. Esboçávamos as formas na tela com a régua, mas a pintura da linha era feita à mão livre, com um pincel fino, e ele observava que um leve tremor ocasional tornava as linhas mais vivas, carregadas de uma discreta emoção. Sua briga com os concretistas decorria exatamente dessa opção pelo caráter "humano", individual e lírico da abstração geométrica, oposta à "frieza" e à despersonalização do produto industrial. O desentendimento com os concretistas era, afinal, uma briga entre irmãos, porque no fundo estavam de acordo. No manifesto escrito por Flexor para a terceira exposição do grupo, lê-se que as qualidades da obra abstrata são "essencialmente concretas". O que era recusado por todos os artistas abstratos era a representação acadêmica da realidade, a pintura figurativa "literária" e expressiva, principalmente a surrealista.

Com um de meus primeiros quadros a óleo, intitulado *Desenvolvimento do quadrado*, ganhei uma medalha de bronze no 3º Salão Paulista de Arte Moderna. Depois, já definitivamente integrada ao Atelier Abstração, participei de várias exposições do grupo. Mas a satisfação do mestre com a discípula se manifestou em duas ou três ocasiões especiais. Uma delas foi quando, tendo aparecido por acaso no ateliê num dia em que ele, para complementar sua renda sempre apertada, dava aulas de desenho acadêmico a senhoras da sociedade paulista, pus-me também a copiar aquela mesma modelo nua que eu conhecera em outros tempos. O resultado foi infinitamente melhor do que os que eu obtinha antes da experiência com a abstração, porque meu olhar estava agora treinado para ver as estruturas e as proporções. Para Flexor, aquilo foi a comprovação da eficácia de seu ensino. Ele brandia meu desenho e o mostrava para todos, com entusiasmo. Outros momentos de satisfação do mestre foram os de minha participação na III e IV Bienais, depois de passar pelo crivo de júris rigorosos, principalmente o da última, que provocou celeuma pela exclusão de 84% de artistas brasileiros, inclusive conhecidos, como Flávio de Carvalho.

O ambiente do Atelier Abstração era muito estimulante. A partir de 1954, o local de trabalho era a bela residência do mestre, projetada por Rino Levi na rua Gaspar Lourenço, na Vila Mariana. A parte destinada à moradia se sobrepunha, em mezanino, a dois vastos salões-ateliês. (Infelizmente, essa casa-ateliê foi demolida em 2013.) Sua inauguração foi marcada por uma grande festa dançante, à qual compareceram os principais artistas e intelectuais paulistas da época. Trabalhei ali por três anos, nos sábados à tarde. Alguns dos participantes dessas tardes de trabalho e convivência eram fixos, como Douchez, Raimo, Teixeira e Nicola, outros temporários, como Maria Antonieta Barros, Izar do Amaral Berlinck, Ernestina Karman, Emília Ceccarelli, Zilda Andrews (que sempre levava um maravilhoso bolo de chocolate para o lanche). Montávamos nossos cavaletes e pintávamos, conversando. Às vezes o mestre tocava piano. Sua mulher, Margot, e os filhos, Jean-Marie (Jeannot) e André Victor (Dudu), estavam sempre por ali, tornando o ambiente familiar e acolhedor. Mais do que acolhedor, o ambiente era alegre. Improvisávamos piqueniques ao som do violão do irmão de Margot, Eduardo Mercier. Flexor e Margot nos ensinavam a *java*, dança popular parisiense dos anos 1930. Eu não tinha a menor ideia do que eles tinham sofrido antes da vinda para o Brasil, porque eles nunca falavam disso. Durante a ocupação alemã, em várias ocasiões escaparam por pouco da perseguição nazista. Na mira dos ocupantes, por ser judeu e resistente, Flexor fugiu para o sul da França com Margot e o filho pequeno, Jeannot. Enquanto este estava a salvo num convento de frades dominicanos, Margot deu à luz Dudu. Desde sua ida para Paris, Flexor se convertera ao catolicismo, tendo aceitado, inclusive, a encomenda de um amigo padre para pintar afrescos numa igreja. Durante a fuga, realizou estudos de quadros religiosos, e prometeu pintar toda a paixão de Cristo se saíssem vivos do conflito, promessa que cumpriu naqueles quadros que vi em 1951 e, mais tarde, em São Paulo, nas igrejas Nossa Senhora de Fátima e Perpétuo Socorro.

Muitos pintores que não integravam o Atelier Abstração frequentaram os cursos de Flexor. Lembro-me bem de Wega Nery, que era, segundo ela mesma, "uma pintora visceral", mais tendente ao expressionismo do que à "fria" abstração geométrica; por isso, suas discussões com o mestre e os colegas eram interessantes. Também passaram por lá Anatol Wladyslaw, Anésia Pacheco e Chaves, Fayga Ostrower, Nelson Leirner e outros. Data desse período um retrato meu traçado a lápis, com a dedicatória: "A Leyla, cette lembrancinha [sic]. Flexor. ATAB". Eu era muito mimada por ele. Nas fotografias que mostram o grupo trabalhando, ele aparece sempre atrás de mim, velando meu quadro. Tudo isso está documentado em fotos que doei para Alice Brill e foram publicadas em seus livros *Samson Flexor: Do figurativismo ao abstracionismo* (1990) e *Flexor* (2004).

De 1953 a 1958, o grupo Atelier Abstração realizou várias exposições, dentre as quais uma no MASP e outra no MAM, além de participar de bienais e salões. Nessa época, fui segunda secretária da União dos Artistas Plásticos, cujo presidente era Waldemar Cordeiro. Os vice-presidentes eram Lívio Abramo e Mário Gruber, e os tesoureiros, Odetto Guersoni e Anatol Wladyslaw. No conselho da associação constavam alguns dos melhores artistas brasileiros do século XX: Volpi, Pola Rezende, Zanini, Clóvis Graciano, Fraccaroli, Renina Katz, Grassmann e Sacilotto. As reuniões eram à noite, no Liceu de Artes e Ofícios, hoje Pinacoteca. Eu era tão jovem que meus pais me acompanhavam e ficavam num canto, ouvindo as discussões. Numa dessas reuniões, ousei dar um palpite. O crítico Osório Cesar não gostou e me disse: "Cale a boca, menina, você nasceu ontem". Minha função era somente a de redigir as atas, e eu não tinha noção das lutas políticas que ali se travavam. Restou-me, dessa participação, uma carta circular datada de 13 de setembro de 1956, acerca da seleção de participantes da IV Bienal, assinada por uma comissão integrada por Volpi, Cordeiro, Flexor e Gruber. Uma única e grande assinatura manuscrita de Volpi, em tinta azul, torna precioso esse documento que conservo.

Em janeiro de 1958, o Atelier Abstração fez uma exposição na Galeria Roland Aenlle, em Nova York. Na volta, uma sobretaxa alfandegária ocasionou a perda de todos os quadros. As obras, enviadas através do Itamaraty, nunca mais foram localizadas. Sabe-se que, um ano mais tarde, foram leiloadas sem aviso aos autores e tomaram rumo ignorado.

Esse acontecimento infeliz, e outros de ordem pessoal, marcou o fim do grupo como tal. Em 1960, realizei uma exposição individual na galeria da *Folha de S.Paulo*. Eu havia abandonado o rigor geométrico e praticava então um abstracionismo tachista, aquarelado, fluido. Geraldo Ferraz publicou uma crítica muito negativa da exposição, dizendo que minha pintura estava esvaecendo. E, de fato, ela literalmente se evaporou porque, encerrada a exposição, não consegui recuperar nenhum dos sete óleos e sete aquarelas que a compunham; sempre havia uma desculpa e um adiamento, até a minha desistência. Esse duplo episódio da perda de meus quadros foi contemporâneo à minha estreia como crítica literária no Suplemento Literário de *O Estado de S. Paulo*, em novembro de 1958. A literatura começava a tomar, para mim, o lugar da pintura.

Não foi uma ruptura total, e o ensinamento de Flexor permaneceu ativo em minha apreciação das obras literárias. Um romance ou um poema, como um quadro ou uma composição musical, são feitos de um arcabouço invisível de linhas de força, um jogo de valores, contrastes cromáticos, retomadas sutis de temas antes anunciados etc. É bom que um crítico tenha uma experiência, mesmo que breve, nos processos internos da criação plástica. Minhas preferências literárias orientaram-se naturalmente para as obras em que a expressão é controlada por uma tendência construtiva: o *nouveau roman*, o estruturalismo, a poesia da linhagem de Mallarmé.

Ficaram-me, do ensino de Flexor, algumas disposições definitivas: a desconfiança da representação artística da realidade, o gosto pelo experimentalismo, um antiacademicismo radical, o respeito pelo trabalho do artista que conhece seu ofício, e uma grande paixão pela arte como algo maior do que o indivíduo artista. Toda uma concepção moderna da arte que era a do meu mestre, e que atualmente parece já antiga.

Flexor, como aconteceria mais tarde com meu outro mestre, Roland Barthes, morreu com apenas 64 anos, em 1971. A última visão que tive dele foi por ocasião de uma exposição sua em 1970. Na saída, vi-o de terno branco, caminhando pela rua Augusta, já muito enfraquecido e apoiado em sua fiel Margot. Senti uma espécie de remorso por não ter realizado plenamente as esperanças que ele depositara em mim como pintora. Entretanto, enquanto vários ex-colegas cobravam de mim essa desistência, o mestre teve a delicadeza de nunca me repreender por ter abandonado a pintura, de jamais pedir algo em troca do muito que me deu.

Algumas de minhas pinturas às vezes reaparecem, para grande surpresa minha. Esse foi o caso de um guache pertencente a um álbum oferecido a Ciccillo Matarazzo em 1953, com obras de 48 artistas, que figuraram na exposição Um Presente para Ciccillo, em 2006-7, com curadoria de Denise Mattar, e posteriormente leiloadas. E em 2013, na bela exposição da Coleção Fadel no MAM, intitulada Vontade Construtiva na Coleção Fadel, com curadoria de Paulo Herkenhoff, pude rever dois quadros meus de que eu não me lembrava mais. Foi um pouco como reencontrar dois filhos perdidos. Ou ter notícias de mim mesma em outra encarnação.

Décio de Almeida Prado, Antonio Candido e o Suplemento Literário

Minha dívida para com Décio de Almeida Prado (1917-2000) é grande. Sem a presença dele no Suplemento Literário de *O Estado de S. Paulo*, de 1956 a 1972, e sem a oportunidade que ele ali me abriu, é provável que meu caminho intelectual tivesse sido outro. Devo parcialmente a Décio minha opção pela literatura, minha especialização em literatura francesa e, em decorrência desta, minha carreira universitária.

Quando jovem, a literatura não era meu principal interesse nem minha principal atividade — que, como já disse, era a pintura. No curso secundário do Colégio Sion tive excelentes professores da Aliança Francesa que ali ensinavam, e antes mesmo de ingressar no curso de letras da USP eu já tinha lido um grande número de obras francesas. Recém-formada na universidade, um movimento literário despertou minha curiosidade: o *nouveau roman*. Caiu-me nas mãos um romance de Michel Butor, *La Modification*. Achei-o tão interessante que resolvi escrever uma resenha, acolhida então por Décio, diretor do Suplemento. Minha resenha saiu em novembro de 1958, ao lado de uma assinada por

Antonio Candido e de outra, por Maria Isaura Pereira de Queiroz (isto para que se veja o nível dos resenhistas!). Décio incentivou-me a continuar. Continuei.

A resenha seguinte foi a de um livro italiano sobre artes plásticas, e a subsequente sobre um livro de Colette. Vejo bem, agora, que eu hesitava entre a pintura e a literatura, entre a literatura experimental e a já consagrada. A terceira resenha, em abril de 1959, foi a de um romance de Alain Robbe-Grillet. A partir daí o *nouveau roman* foi, cada vez mais, retendo minha atenção. Ainda em 1959, publiquei meu primeiro artigo longo no Suplemento, "Aspectos do *nouveau roman*", o qual foi seguido de outros sobre o mesmo tema.

Eu estava feliz por publicar textos em jornal, mas não tinha plena consciência da importância, naquele momento, do veículo para o qual eu estava escrevendo, nem podia fazer ideia do que ele significaria, mais tarde, na história da cultura brasileira. Confesso, envergonhada, que eu não sabia que o Suplemento era uma decorrência da revista *Clima*, que seu projeto era de autoria de Antonio Candido e que Décio de Almeida Prado era um grande crítico de teatro.

Apesar de minha juventude, Décio me recebeu no Suplemento sem nenhuma restrição. Deixou-me, desde o início, com total liberdade na escolha dos livros de que eu falaria. Quando eu ia levar meus textos (datilografados numa Olivetti portátil), ele vinha pessoalmente recebê-los na sala de visitas contígua à redação. Lembro-me de sua figura: alto, aloirado, sempre vestido de terno e gravata, gentil e sorridente. Um gentleman. Sem parecer que me orientava, ao comentar os temas de meus artigos ele me estimulava a prosseguir em determinados caminhos. Que eu me lembre, nunca modificou meus textos ou alterou o título de meus artigos. Na volta dessas visitas, eu passava pela Livraria Francesa da rua Barão de Itapetininga, para ver as novidades. Compenetrada de minha responsabilidade como crítica, adquiria obras panorâmicas sobre a literatura francesa do século xx e recolhia uns livretos gratuitos de uma série intitulada Livres de France, para suprir minhas falhas de informação.

Em 1960, li *Le Livre à venir*, de Maurice Blanchot, obra que me marcou profundamente e transformou minha maneira de encarar a literatura. Entre perplexa e admirativa, fiz uma resenha do livro. Assim, escrever no Suplemento foi sendo, para mim, ao mesmo tempo uma aprendizagem. Descobrir algo e revelá-lo aos leitores eram operações concomitantes. Fato curioso: precisei esperar 45 anos para ter a oportunidade de traduzir e publicar esse livro no Brasil: *O livro por vir* (Martins Fontes, 2005). Hoje, Blanchot é um nome conhecido no mundo todo, e suas obras são estudadas em várias universidades brasileiras.

Em 1961, faleceu Brito Broca, que era responsável pela coluna "Letras francesas", publicada mensalmente na primeira página do Suplemento. Recebi então um telefonema de Décio me convidando para assumi-la. Ao desligar, eu estava lisonjeada e apavorada. Substituí-lo era uma responsabilidade assustadora. Brito Broca fora um respeitado cronista, dono de grande bagagem de leituras. Tinha como especialidade a história literária e era um pouco reticente com relação ao *nouveau roman*. Décio, aparentemente, achava natural confiar a coluna a uma jovem novidadeira como eu.

Desde então, publiquei cerca de setenta artigos como responsável por essa coluna, dos quais uns cinquenta ainda sob a direção de Décio, e mais outro tanto de resenhas. Concomitantemente, tornei-me professora de literatura francesa na puc-sp e, mais tarde, na usp. Em 1965, comecei a publicar artigos sobre Lautréamont, e deles nasceu a ideia de escrever uma tese de doutorado. Até então, o jornalismo cultural me atraía mais do que o ensino universitário. Minha carreira decorreu, assim, de minha atividade como crítica de jornal, e não o contrário, como é mais corrente. Devo isso, em grande parte, ao voto de confiança que recebi do diretor do Suplemento. Meu primeiro livro também nasceu de um telefonema de Décio, em 1966. Com antigos companheiros de *Clima* e outros notáveis da USP, ele compunha o conselho editorial da Coleção Buriti, da São Paulo Editora S. A. Entre outros, integravam esse conselho Antonio Candido, Paulo Emílio Sales Gomes e Sérgio Buarque de Holanda. Com a mesma cordialidade descontraída de sempre, Décio me propôs reunir meus artigos sobre o *nouveau roman* num volume da coleção. Foi meu primeiro livro: *O novo romance francês* (1966).

Já então, graças a esses artigos que eu enviava às principais editoras francesas, recebia delas os livros que desejava. Em idas ocasionais à França, entrevistei, para o Suplemento, Michel Butor e Claude Simon, futuro prêmio Nobel. Foi munida de dois artigos sobre Roland Barthes que me apresentei a ele, em 1968. Só mais tarde percebi que meus textos eram muito mais longos e frequentes do que os que saíam na imprensa francesa da época, sobre esses autores difíceis e emergentes. Butor, Simon, Robbe-Grillet e outros, com os quais mantive correspondência e que conheci depois, espantavam-se com essa imprensa cultural brasileira, atualizada e ousada. Em consequência, respondiam às minhas cartas e tratavam-me com apreço.

Na França dos anos 1960, o *nouveau roman* apenas começava a aparecer nos suplementos literários dos jornais, ocupados, no mais das vezes, com os nomes consagrados da Academia Francesa ou com os vencedores do prêmio Goncourt. Francis Ponge, Blanchot, Barthes e autores "malditos" como Lautréamont, longamente tratados por mim no Suplemento, eram ainda excêntricos, e pouco se falava deles na França. Outras coisas "novas" surgiam naquele momento, como a *nouvelle vague* no cinema e a *nouvelle critique* nos estudos literários. A *nouvelle critique* surgiu de uma polêmica eclodida em 1963, quando Barthes publicou *Sur Racine*. Um catedrático da Sorbonne, Raymond Picard, irritado com o modo como Barthes analisava o grande clássico do século XVII, abandonando a história literária e recorrendo à psicanálise, contestou-o no livro *Nouvelle critique, nouvelle imposture*. A imprensa francesa se dividiu entre os tradicionalistas, majoritários, e os inovadores. Todas essas "novidades" me interessavam, e eu as apresentava aos leitores do Suplemento. O acesso que tive à seção de jornais e revistas francesas da Universidade de Wisconsin durante todo o ano de 1962 e minhas sucessivas idas à França desde 1968 me mantinham informada.

Ao acolher e incentivar essas inovações, Décio de Almeida Prado tornou o Suplemento Literário um órgão particularmente atualizado, com relação tanto à literatura brasileira quanto às literaturas estrangeiras. Graças à sua direção, que era firme na manutenção da qualidade, mas deixava uma grande liberdade aos colaboradores, mesmo aos jovens principiantes, o Suplemento foi uma obra excepcional, tanto em termos de Brasil quanto em termos internacionais.

Com Décio, diretor e escritor, aprendi um estilo de jornalismo cultural. Habituei-me a escrever para um público amplo, que busca informação de qualidade e não uma especulação intelectual destinada a colegas especialistas. Aprendi que ser claro e sintético não é necessariamente ser superficial. Que escrever para jornal implica uma atitude democrática e sedutora. Os textos do próprio Décio eram um modelo de leveza e de graça estilística, de alta cultura disfarçada de conversa informal.

Quando comecei a escrever e a publicar, não tinha nenhuma teoria a esse respeito (o curso de letras não a fornecia), mas contava com o modelo oferecido pelos grandes intelectuais que escreviam no Suplemento. E Décio me ensinava, sem nenhuma lição explícita, uma postura que era a de sua notável geração: certa elegância discreta, uma seriedade não desprovida de humor. Bem ou malsucedida nesse aprendizado, sou, quanto ao estilo, cria do Suplemento. Por ter publicado nele mais de uma centena de artigos antes de escrever uma tese universitária, talvez meus trabalhos tenham conservado algumas características daquele jornalismo cultural. Acostumei-me a concentrar um assunto em quatro ou seis laudas, e até hoje desconfio que, mais do que isso, é adendo ou digressão.

Revi Décio em poucas circunstâncias nos seus últimos anos. Cruzava com ele, às vezes, no corredor dos antigos barracões da letras, na Cidade Universitária. Diabético, ele estava mais pálido, mas como sempre elegantemente vestido. Ele vinha sorridente, com seu passinho saltitante, tendo numa mão uma garrafinha térmica de chá e, na outra, alguns livros. Grande figura de uma época brilhante da intelectualidade brasileira.

Minha dívida para com Antonio Candido (1918-2017), o idealizador do Suplemento Literário, não é menor. Não sou sua "cria", como gostam de dizer seus ex-alunos, mas ao longo da vida fui sua afilhada. Explico-me: não tive a sorte de ser sua aluna, porque terminei meu curso de letras antes de seu regresso à USP, como professor de teoria literária e literatura comparada, em 1974. Mas ele esteve sempre discreta e efetivamente atuante em minha atividade de crítica literária e em minha carreira universitária.

Meu primeiro contato pessoal com Candido foi embaraçoso para mim. Em 1961, eu já era responsável pela coluna "Letras francesas" no Suplemento e um dia fui ao Instituto de Estudos Portugueses, na rua dr. Frederico Steidel. Lá, um jovem senhor muito bem-posto, com um sorriso encantador, dirigiu-se a mim e me disse: "A senhora é a d. Leyla? Quero dizer-lhe que eu e minha mulher somos seus leitores e gostamos muito de seus artigos no Suplemento". Agradeci, e entabulamos uma breve conversa sobre a literatura francesa, ao fim da qual perguntei: "Qual é mesmo o seu nome?". E ele respondeu: "Antonio Candido de Mello e Souza". Fiquei sem palavras, porque eu já era sua leitora e admiradora. Tudo o que consegui dizer foi a tolice: "Desculpe-me, é que eu nunca tinha visto nenhuma foto do senhor!". Na verdade, eu tinha pensado inicialmente que ele era apenas um daqueles leitores cultos e afrancesados que me liam no jornal.

Como já disse, Antonio Candido integrava o conselho editorial da coleção em que publiquei meu primeiro livro, em 1966. Porque eu não gostava do modo antiquado como a literatura francesa era ensinada na USP nos anos 1950, não me distingui na matéria no curso de letras e não fui chamada para ensinar ali depois de formada. Naquela época, o único modo de ingressar na carreira universitária da USP era agradar ao catedrático da disciplina. Comecei minha carreira de professora universitária na Universidade Mackenzie, em 1958, e na PUC-SP, em 1966. Em 1970, a convite do novo titular da cadeira de francês, Albert Audubert, ingressei no corpo docente da USP como "auxiliar de ensino voluntária". Isso queria dizer: sem contrato e sem salário. Essa situação se estendia em 1971, quando defendi minha tese de doutorado sobre Lautréamont.

Para ganhar a vida, eu dava muitas aulas, na PUC e no secundário, hoje chamado ensino médio. Um dia em que eu estava particularmente cansada, corrigindo provas nos barracões da letras, Antonio Candido, que integrara a banca de meu doutoramento, bateu à minha porta e me perguntou: "Dona Leyla, a senhora já pensou em pedir uma bolsa à Fapesp para passar algum tempo na França?". Eu respondi singelamente: "Não pensei, não, senhor". E ele me disse: "Pense, então". Candido me abriu assim a oportunidade de passar dois anos decisivos em Paris (1972-4), no período áureo do estruturalismo e da semiologia.

Durante os "anos de chumbo" da Ditadura Militar, Antonio Candido era nossa referência política e ética. Não tendo sido cassado, agia na universidade como um resistente socialista. Era sempre ele que consultávamos se um colega tinha problemas políticos. Assim, em 1971, quando um professor francês da USP foi "avisado" de que estava na mira da polícia por ter dado um curso marxista, foi a Candido que pedimos conselho. Ele o aconselhou a voltar para a França, pois sabia que a situação era perigosa para todos.

O mestre apreciava muito meu irmão Fernando Perrone, deputado estadual de 1966 a 1968. Lembrava-se de sua atuação conjunta na chamada "batalha da Maria Antônia" e na brutal invasão do campus da USP, duas semanas antes do AI-5, que cassou e exilou meu irmão por dez anos. Lembrava-se sobretudo da defesa do Crusp, o conjunto residencial da USP, quando ele e Florestan Fernandes tentaram entrar nos prédios de residência estudantil e só conseguiram pela interferência de Fernando, que ameaçou os policiais com sua credencial de deputado e... um revólver! Ele andava armado porque era constantemente perseguido pelos membros do CCC (Comando de Caça aos Comunistas), também armados.

De volta a São Paulo, em 1975, prestei o concurso de livre-docência com uma banca presidida por Candido. Na véspera da defesa de tese sobre a "crítica-escritura", eu estava inquieta, pensando que talvez tivesse ido longe demais em minha teorização pós-estruturalista, desafiadora das normas universitárias. Estava em casa quando o telefone tocou, uma de minhas filhas atendeu e me passou o fone dizendo: "É o professor Antonio Candido". Saltei da cadeira em que estava sentada e atendi de pé, como se deve atender a um superior. Candido queria me revelar, de antemão, algumas das perguntas que me faria na defesa. Era esse seu hábito gentil para com todos os que se submeteriam à sua arguição. Comuniquei-lhe meu receio, e ele me acalmou, fazendo elogios à minha tese.

Ainda nos anos 1970, Candido me convidou para integrar algumas bancas de doutoramento de orientandos seus, como Luiz Costa Lima e Haroldo de Campos. Em 1978, quando ele ainda dirigia o Instituto de Estudos da Linguagem da Unicamp, fui chamada por ele para dar ali um curso de pós-graduação. Mais de uma vez viajamos juntos para Campinas, no antigo "trem húngaro". Naqueles bancos face a face, era como se estivéssemos numa salinha, na qual eu me deliciava com a prosa de meu acompanhante. Como se sabe, Candido era um admirável contador de "casos", expressivo e engraçado.

No mesmo ano de 1978 elaborei, na área de francês, um projeto coletivo de pós-graduação intitulado "Projeto Léry-assu: relações da literatura brasileira com a literatura francesa". Como se tratava de um projeto interdisciplinar, eu precisava contar com o apoio de co-orientadores em literatura brasileira. A primeira pessoa que procurei foi Antonio Candido, que já era o maior especialista do tema. Expus-lhe as bases do projeto e ele me disse: "Esse não é um projeto somente para uma geração de pós-graduandos, mas para muitas gerações". Encorajou-me a prosseguir, ofereceu sua ajuda e me presenteou com alguns documentos franco-brasileiros. Quando o projeto se transformou no Núcleo de Pesquisa Brasil-França, do Instituto de Estudos Avançados da USP, ele nos deu um depoimento sobre o assunto. Entre outras coisas, contou-nos que, quando as viagens à Europa ainda eram raras, um tio dele perguntou-lhe: "Diga-me a verdade: Paris é mais bonito do que Poços de Caldas?".

Quase trinta anos mais tarde, em 2005, recebi o último e maior presente dele. Estava para ser republicada minha tese de livre-docência, *Texto, crítica, escritura*, e, revendo meus arquivos, encontrei a arguição datilografada e assinada que ele me dera no final do concurso. Reli esse texto e fiquei impressionada pela justeza de suas observações. Com a delicadeza habitual, ele corrigia meus excessos, tocava exatamente nos pontos frágeis de minha argumentação, os mesmos pontos da "teoria da escritura" que o próprio Roland Barthes, meu inspirador teórico, submeteria a uma revisão nos anos seguintes. Sua abertura ao novo e sua generosidade de leitor estavam ali mais uma vez evidentes: "Foi com esse espírito que eu li a tese; não para contrariá-la; não para procurar falhas; nem mesmo para compará-la com meus próprios pontos de vista. Mas para entrar com a senhora nessa aventura textual ou escritural, em perspectiva e in fieri, inclusive com todos os perigos que ela pode acarretar".

Criei coragem e telefonei ao mestre pedindo sua autorização para publicar essa arguição na reedição de meu livro. Ele me disse que não se lembrava do texto e pediu que lhe enviasse uma cópia. Foi o que fiz, entregando-lhe uma cópia da arguição acompanhada de uma carta dizendo que eu suprimiria os elogios "de praxe", no início de seu texto, porque o que interessava aos leitores do livro era a discussão teórica suscitada por ele. Dois dias depois, Candido me telefonou e disse que autorizava a publicação, incluindo os elogios, que, segundo ele, não eram "de praxe", mas correspondiam ao que ele de fato continuava pensando de meu trabalho. Mais uma vez, Antonio Candido me honrava com sua estima. Como não há agradecimento à altura de sua grandeza, resta-me apenas cultivar suas lições intelectuais e afetivas, tentando passá-las às novas gerações.

Remanescentes do modernismo

Em meados da década de 1950 eu era frequentadora assídua do MASP e do contíguo MAM, na rua 7 de Abril. Os membros do Atelier Abstração estavam ali sempre presentes, como expositores ou participantes de vernissages. Nesses dias de gala, eu comparecia bem-arrumadinha, como todas as senhoritas do tempo: saia godê, chapeuzinho de feltro e luvas brancas. Minhas amigas e eu aparecíamos frequentemente nas colunas sociais com legendas como esta: "Os brotos também gostam de arte abstrata".

Nos dias comuns, o bar do MAM era o ponto de encontro dos artistas maduros e dos jovens como eu, que iam da Aliança Francesa da rua Marconi ao museu, onde discutíamos nossas informações culturais ainda incipientes e nossos planos futuros. Meus companheiros mais frequentes eram o artista plástico Italo Cencini (1924-2011) e Ottaviano de Fiore (1931-2016), biólogo e futuro secretário da Leitura e do Livro no governo de Fernando Henrique Cardoso. Nas salas e no bar do MAM, víamos circular artistas consagrados e vários remanescentes do modernismo. Ali, vi várias vezes Patrícia Galvão, a mítica Pagu (1910-1962), com seu companheiro Geraldo Ferraz. Ela já não era a linda musa dos modernistas; era apenas uma brasileira comum de meia-idade, cujos feitos artísticos e atividades políticas eram conhecidos nas rodas intelectuais. Mas ela já caminhava para o mito. Quando passava, sempre agitada, as pessoas sussurravam: "Lá vai a Pagu". Também via muito por lá o poeta e crítico Sérgio Milliet (1898-1966) e o pintor Lasar Segall (1889-1957), que além disso frequentavam os vernissages do Atelier Abstração.

Outra mítica remanescente do modernismo, Tarsila do Amaral (1886-1973), eu já conhecia melhor e em outros ambientes. Uma de minhas colegas do Colégio Sion era sua prima. Na casa dos Amaral Souza, da rua Bahia, eu era apresentada às senhoras quatrocentonas como a amiga da Alice. Essas senhoras me perguntavam: "Como é o seu nome?". E quando eu respondia, ao ouvir meu sobrenome, elas só diziam: "Ah…". Mas logo a mãe da Alice, d. Maroquinhas, acrescentava que eu desenhava muito bem e, melhor ainda, falava francês. Tudo mudava então, porque essa sociedade paulistana tradicional tinha um grande respeito pelos artistas, mesmo principiantes, e pelos francófonos, sobretudo os precoces. O sobrenome italiano tornava-se então aceitável. Na casa dos Amaral Souza, fui apresentada a Tarsila, imponente e ainda coquete, maquiada e de turbante. Ela pousou em mim seus belos olhos negros, que tanto furor haviam causado na São Paulo modernista e na Paris vanguardista, aqueles olhos que haviam visto de perto Picassos e Delaunays, e me perguntou: "Então, você quer ser pintora?".

Em 1952, quando comecei a frequentar o ateliê de Flexor, ela nos visitou e deixou um simpático relato numa crônica:

> Telas empilhadas, telas nos cavaletes e nas paredes, coleções de cerâmicas populares e imagens de santos trazidas da Bahia, a desordem gostosa de um ambiente bem Paris, fazem do estúdio de

Samson Flexor um refúgio, onde os alunos do artista trabalham cheios de fé. O interesse é notar-se como cada um deles conserva sua personalidade, tão diferentes são as telas umas das outras, todas, porém, bem construídas, baseadas ora no corte de ouro, ora em triângulos, retângulos ou qualquer outra figura geométrica. São todos os seus alunos bons desenhistas, o que evita ao mestre ensinamentos básicos.*

Já no início dos anos 1960, minha francofilia me aproximou de outros remanescentes do modernismo. A sociedade paulista tradicional ainda era muito ligada à cultura francesa. Havia naquela época, entre os leitores de *O Estado de S. Paulo*, uma grande parcela de pessoas que, mesmo sem ser especialistas ou profissionais, falavam francês e liam regularmente livros nessa língua. A prova disso é que, em meus artigos do Suplemento Literário, as citações (às vezes longas) não eram traduzidas, coisa impensável nos dias de hoje.

Uma leitora do Suplemento era d. Georgina Vicente de Azevedo (1902-1986), sobrinha de d. Olívia Guedes Penteado, mecenas dos modernistas de 1922. Dona Georgina morava então num belo apartamento da avenida São Luís e perpetuava as práticas de sua tia com um chá semanal ao qual compareciam ilustres figuras da intelectualidade paulista. Fui convidada para alguns desses chás, e nessas ocasiões pude ver e ouvir à mesa pessoas que agora estão em quadros de museus e em livros de história: René Thiollier, Guilherme e Baby de Almeida, Rubens Borba de Moraes. Eram pessoas nascidas no século XIX e remanescentes do modernismo de 1922.

René Thiollier (1882-1968) foi uma personalidade importante da cultura paulista na primeira metade do século XX. Gui-

* "Flexor", *Diário de S. Paulo*, 28 dez. 1952.

lherme de Almeida (1890-1969) era baixinho, tinha um rosto achinesado, e sua mulher, Baby, era uma antiga beldade, alta e muito branca. Meus pais tinham livros dele em casa. Na adolescência, eu havia copiado alguns de seus poemas em meu fichário escolar, inclusive aquele sobre a bandeira de São Paulo: "Bandeira da minha terra,/ Bandeira das treze listas:/ São treze lanças de guerra/ Cercando o chão dos paulistas…". O casal havia sido retratado por Flexor.

De Rubens Borba de Moraes (1899-1986), eu não sabia grande coisa. Sabia que era muito culto e importante, porque todos o ouviam com grande respeito. Depois de participar intensamente das atividades modernistas de 1922, ele tinha sido diretor da Biblioteca Municipal de São Paulo e da Biblioteca Nacional no Rio. Naquele início dos anos 1960, ele estava de volta a São Paulo, depois de temporadas em Nova York e Paris, onde codirigiu a Biblioteca da ONU. Em minha memória, ele ficou registrado como um vulto de senhor elegante. Só muito mais tarde vim a conhecer sua *Bibliographia Brasiliana*, registro importantíssimo de obras sobre o Brasil, que ele realizou nos Estados Unidos. E foi nessa *Bibliographia Brasiliana* que encontrei, décadas mais tarde, uma referência à história de Paulmier de Gonneville e seu afilhado, o índio Essomericq, que motivou minha pesquisa e o livro resultante dela: *Vinte luas: Viagem de Paulmier de Gonneville ao Brasil (1503-1505)*. Por isso sou grata àquele senhor elegante.

Os chás de d. Georgina eram chiques e deliciosos, como convinha àqueles remanescentes da aristocracia culta paulista. O apartamento era vasto como as mansões de onde eles tinham se mudado, com grandes tapetes persas e estátuas de mármore. A mesa era grande, e o chá era servido em jogos de prata e de porcelana inglesa. Dona Georgina era uma grande dama, e seus convidados já estavam então todos consagrados, acadêmicos ou ocupantes de altos postos na gestão oficial da cultura. Eu era apenas uma jovem jornalista cultural que ouvia muito e falava pouco. Não me lembro de algum deles ter manifestado interesse pelo *nouveau roman* francês, meu assunto no Suplemento Literário da época. Eram vanguardistas históricos, isto é, não mais vanguardistas. Aquelas tardes da avenida São Luís já eram uma cápsula do tempo que eu visitava como uma pessoa de outra geração.

Essa cápsula do tempo estava ancorada naquele território que representava a cultura paulista dos anos pré-ditadura: o edifício de *O Estado de S. Paulo*; a Aliança Francesa; o MASP e o MAM; o bar Arpège; a Biblioteca Municipal, que ainda não se chamava Mário de Andrade, e de cuja seção circulante eu retirei e li muitos livros fundamentais. Havia também ótimas livrarias: a Jaraguá, na rua Marconi; a Brasiliense, a Parthenon e a Francesa, na Barão de Itapetininga. E, na avenida Ipiranga, uma grande loja de materiais artísticos, a Leonardo da Vinci. Respirava-se cultura naquele quadrilátero.

Não muito longe dali estava a Faculdade de Filosofia da rua Maria Antônia, com seu grêmio estudantil onde eu era encarregada do setor de artes, atividade que se resumia em pintar cartazes. O grêmio da Maria Antônia, pelas discussões políticas e culturais, era um local mais estimulante do que as salas de aula. Tinha um jornal, no qual publiquei meus primeiros textos sobre artes plásticas, e um cineclube sofisticado, no qual assisti ao *Nosferatu* de Murnau e a *O encouraçado Potemkin* de Eisenstein. Alguns de seus frequentadores se tornaram, mais tarde, professores eméritos da FFLCH-USP, como os filósofos Oswaldo Porchat (1933-2017) e Ruy Fausto (1935-2020). Ocasionalmente, saíamos em passeatas pela autonomia universitária. Numa foto de jornal, de 1956, apareço de franjinha e rabo de cavalo, carregando uma bandeira da faculdade. A passeata era tão pacífica que estou levando também um guarda-chuva, temendo não a polícia, mas uma garoa. A autonomia da universidade só seria decretada trinta anos mais tarde e, infelizmente, agora está ameaçada.

São Paulo, naquele momento, vivia a euforia do IV Centenário. Em janeiro de 1954, assisti à chuva de prata lançada por avião, e guardei cuidadosamente alguns daqueles pequenos triângulos de papel-alumínio com o brasão do estado. Assisti também à entrada pomposa de vários atores de Hollywood (Joan Fontaine, Fred MacMurray, Jeffrey Hunter, Barbara Rush) numa sessão do Cine Marrocos. São Paulo era finalmente uma metrópole internacional. Apesar do crescimento e da prosperidade, a cidade era bastante calma. Jovens como eu circulavam sozinhas ou em grupo no centro, sem sofrer nenhum risco ou assédio. A arte e a cultura eram valores indiscutíveis, mesmo para aqueles que não participavam diretamente delas. Orgulhosos de nossa Semana de 1922 e, naquele momento, de nossos museus e bienais, vivíamos os "anos dourados"; nova bolha que explodiria na década de 1960, da qual sou agora uma remanescente.

Viagens a Portugal

Minha especialização em literatura francesa não me impediu de fazer excursões a outras literaturas. Foi em literatura portuguesa, e não francesa, que fiz um curso de especialização (os cursos de pós-graduação ainda não existiam). Casada com Massaud Moisés, professor de literatura portuguesa da USP, passei alguns meses em Lisboa, em 1958 e 1962. Essas estadas me marcaram profundamente e foram decisivas para fundamentar meu amor à terra e às letras lusitanas.

Na segunda temporada, ficamos hospedados na York House, hotel situado no bairro de Santos. O local e o hotel eram magníficos. A rua das Janelas Verdes começa numa praça com uma igreja, onde chegava o bondinho, e termina no Museu de Arte Antiga. Naquela igreja, as mulheres usavam véus de renda: pretos para as casadas, brancos para as solteiras. Não se podia visitá-la com calças compridas, que, aliás, nenhuma lisboeta usava naquele tempo. Uma vez, andando de calças na rua, ouvi uns populares dizendo: "Lá vai o rapazito!". No profundo silêncio do Museu de Arte Antiga, pouco visitado naquela época, eu ia deslumbrar-me com os biombos japoneses, as *Tentações de Santo Antão*, de Bosch, e os *Painéis de São Vicente de Fora*, de Nuno Gonçalves.

O hotel, no nº 32 dessa rua, era um antigo convento. Entrava-se na calçada por um portal que dava para uma oficina de instrumentos musicais, exalando um delicioso odor de madeira; subia-se uma escada ladeada de vegetação e chegava-se ao nível do hotel, onde havia um espaçoso terraço com um tanque de azulejos ao centro. Como o filho da proprietária, a francesa madame Andrée Goldstein, era decorador, o interior do casarão era um pequeno museu. Os longos corredores decorados com móveis e porcelanas antigos cheiravam a cera perfumada com sândalo. As "criadas" vestidas de preto, com aventais e touca brancos, eram numerosas e discretas. Temiam as repreensões de madame Goldstein. No andar de cima os quartos eram grandes, e as janelas cavadas na espessa parede de pedra ofereciam uma bela vista. Sentar-se num dos banquinhos laterais dessas janelas, contemplando as casas fronteiras cobertas de azulejos e, ao fundo, o Tejo com seus navios e gaivotas, era como receber Lisboa na veia e ficar com ela inoculada para sempre em nosso corpo e em nossos sentimentos. A York House ainda existe, meio século depois dessa minha experiência. Revisitei-a há pouco tempo, sem reencontrar minhas lembranças. É agora um hotel cinco estrelas para turistas, redecorado de modo mais luxuoso e menos característico.

Durante essas primeiras temporadas em Portugal, conheci e frequentei vários escritores. Em 1962, meu ex-marido foi homenageado na Sociedade Portuguesa de Escritores. A recepção reuniu os principais autores daquela época, além de alguns remanescentes de épocas anteriores. Foi ali que, deslumbrada, conversei com Almada Negreiros (1893-1970), que tinha participado da revista *Orpheu* (1915) e fora o agente principal do futurismo português, em 1917. Almada Negreiros foi o mais provocador daquele breve movimento e seus happenings, naquele momento, contribuíram para a proibição da revista *Portugal Futurista* pela censura salazarista. Seu texto "Saltimbancos" foi visado por usar uma linguagem chula. Além disso, ele se fazia fotografar nu ou com um revolucionário macacão modernista. Em seu "Ultimatum futurista", ele dizia: "O povo completo será aquele que tiver reunido no seu *máximo* todas as qualidades e todos os defeitos. Coragem, portugueses, só vos faltam as qualidades". Qualidades não faltavam a Almada, que era ótimo escritor e admirável pintor.

Quando o conheci, ele estava com 69 anos e ainda mantinha seus enormes olhos de brasa sob as densas sobrancelhas negras. Estar cara a cara com Almada Negreiros foi, para mim, como fazer uma vertiginosa viagem a um passado já histórico. Aqueles olhos viram e reproduziram a imagem de Fernando Pessoa, naquele quadro de fundo vermelho que, desde a adolescência, já fazia parte do meu museu imaginário. Embora o modernismo português tivesse acontecido havia menos de meio século, era inacreditável que eu pudesse conversar com alguém que fora uma de suas figuras centrais, alguém que frequentara Pessoa e Mário de Sá-Carneiro.

Naquela mesma reunião, estava também presente Ferreira de Castro (1898-1974), o famoso autor de *A selva*. E praticamente toda a brilhante geração de poetas e romancistas que estavam então no auge de sua produtividade. Vi ali Natália Correia (1923-1993), poeta e ativista libertária. Famosa por seu comportamento escandaloso, ela já não era a bela mulher que tinha sido louvada por seus contemporâneos, mas circulava pela sala com uma exuberância difícil de ser ignorada. Tempos depois ela seria condenada a três anos de prisão pela publicação da *Antologia de poesia portuguesa erótica e satírica* e processada por ter editado a obra feminista *Novas cartas portuguesas*. E nos anos 1980, eleita deputada, defendeu o aborto numa tumultuada sessão em que pronunciou um discurso notável.

Outros escritores que ali estavam ficaram, na minha memória, com traços acrescidos em encontros posteriores. David Mourão-Ferreira (1927-1996), professor, jornalista, poeta, romancista e ensaísta, tinha uma estampa de galã. Sua intensa atividade intelectual seria recompensada, anos depois, pela grande popularidade obtida por seu romance *Um amor feliz*. O romancista Urbano Tavares Rodrigues (1923-2013) era comunista e antissalazarista ativo. Seus estudos em Paris o marcaram com um estilo pessoal requintado, que fazia dele um afrancesado cortejador das damas.

Minha lembrança daquela festa na Sociedade Portuguesa de Escritores é agora como um fotograma imobilizado, no qual figuram David Mourão-Ferreira com seu cachimbo, Natália Correia captada em pleno movimento, Ferreira de Castro conversando com Vergílio Ferreira, e eu entre os dois, embasbacada. Lembro-me também dos escritores surrealistas Mário Cesariny (1923-2006) e Alexandre O'Neill (1924-1986), mas não sei se os vi naquela recepção de 1962 ou mais tarde. Na mesma incerteza, guardo a lembrança de ter conhecido e conversado com Augusto Abelaira (1926-2003), autor do romance *Bolor*, e com Fernando Namora (1919-1989), escritor e médico, também romancista prolífico, autor de *O trigo e o joio*. Tive também a sorte de conhecer, mais tarde, a grande dama Sophia de Mello Breyner Andresen (1919-2004). Loura e etérea como uma fada, sua aparência contrastava com a grande força de sua poesia, que ninguém recitava melhor do que ela mesma.

De todos os escritores que conheci nessas primeiras viagens a Portugal, aquele de quem estive mais próxima foi Vergílio Ferreira (1916-1996), admirável romancista de *Manhã submersa*, *Aparição*, *Alegria breve* e outros. Vergílio tinha um diploma de filologia clássica em Coimbra e passou a maior parte de sua vida como professor secundário, principalmente no Liceu Camões de Lisboa. Era casado com Regina Kasprykowsky, professora polonesa refugiada em Portugal desde a Segunda Guerra. Marcado pelo existencialismo, Vergílio deixou romances de grande profundidade filosófica e psicológica, caracterizados por um humanismo trágico.

A densidade de seus romances se estampava em seu belo rosto prematuramente vincado e quase sempre sério. Em sua casa, vi um retrato seu, pintado por algum artista, em que ele surgia como uma "aparição", não por acaso o título de seu romance mais famoso. Estive também em sua casa de Fontanelas, junto à praia da Aguda, em meio a pinheirais. Ali passamos um dia muito agradável, graças à hospitalidade de Regina e o humor de Vergílio, muito mais descontraído do que parecia em Lisboa. Guardei desse encontro várias fotografias, comentadas no verso pelo escritor.

No ano seguinte, de volta a São Paulo, publiquei no Suplemento Literário de *O Estado de S. Paulo* uma resenha de seu ensaio *André Malraux, interrogação ao destino*. Muitos anos mais tarde, reencontrei-o em Lisboa, no colóquio comemorativo do centenário de nascimento de Fernando Pessoa, na Fundação Gulbenkian. Vergílio tinha uma estranha relação com a obra de Pessoa. Admirava-o (era difícil evitá-lo), mas recusava-o do ponto de vista filosófico. Nos anos 1950, criara uma falsa polêmica sobre o poeta, em cartas trocadas com Luís de Albuquerque (que usou então o pseudônimo de Álvaro Sampaio). Nessas cartas, um pai admirador do poeta discutia com o filho, que o considerava apenas um hábil manipulador de ideias. Na mesma década, polemizou com Adolfo Casais Monteiro a respeito de Pessoa e da geração de *Orpheu*. Em 1987, publicou um artigo dizendo que Camões e Pessoa, os dois poetas mais "inteligentes" da literatura portuguesa, pecavam pela "futilidade" e o "artificialismo".

Em 1982, recebi uma carta de Vergílio em resposta ao envio de meu livro *Fernando Pessoa: Aquém do eu, além do outro*. Na carta, ele faz longas considerações sobre o poeta, que evidentemente ainda o preocupava. Numa caligrafia minúscula e de difícil decifração, ele me dizia:

Sou um velho admirador de Pessoa, mas já um tanto fatigado. Pessoa é um muro e há assim de transpô-lo ou ladeá-lo. Alguns de nós, consciente ou inconscientemente, cometemos a imprudência de traçar tangentes a Pessoa para o tornarem compreensível. Mas Pessoa também foi incompreensível. [...] Por mim, que também lhe bati o pé, não foi para me independentizar, nem o poeta me colidiu com a compreensão. Mas colidiu-me com a imagem de toda a arte, que é artifício, e nele me soa a artificialismo. Hoje não o discuto como não discuto as pedras que são por si só uma maravilha da criação.

E terminava a carta dizendo que ainda não lera meu livro, "nem o folheei sequer", talvez porque me colocasse entre aqueles imprudentes que tentaram tangenciar o "muro" Pessoa. E porque eu citava "lacans e derridas", como ele os referia na carta.

Já nos anos 1990, quando Vergílio estava muito doente, nossa amiga comum Maria Alzira Seixo telefonou-lhe de Lisboa e disse-lhe que eu estava ao seu lado, querendo saber notícias dele. Ele respondeu: "É aquela que foi para Paris e se tornou estruturalista?". E não quis falar comigo. Paciência. Vergílio continuava sendo existencialista e eu continuei admirando o notável romancista que ele era.

E já que citei o nome de Adolfo Casais Monteiro (1908-1972), comento que também o conheci bem, mas não em Portugal. Poeta e crítico literário, participou do grupo da revista *Presença*, criada em Coimbra em 1927 e encerrada em 1940. Casais Monteiro manteve contato com Pessoa, de quem recebeu a mais famosa carta do poeta, aquela em que ele "explica" o nascimento de seus heterônimos. Uma vez, eu lhe perguntei por que Pessoa havia escolhido um crítico tão jovem para dar aquele depoimento fundamental, e ele me deu uma resposta bem portuguesa: "Porque lho perguntei, ora".

Por ser um corajoso opositor ao governo de Salazar, Casais Monteiro esteve preso várias vezes e, depois de ser excluído da docência em Portugal, veio para o Brasil em 1954, lecionando aqui em várias faculdades. Para minha sorte, assisti a um curso seu na Universidade Mackenzie, cujo programa era duplo e surpreendente: o Iluminismo e Fernando Pessoa. Seus jovens ouvintes, que mal compreendiam seu sotaque carregado, não tinham a menor ideia do valor intelectual de Casais Monteiro, hoje plenamente reconhecido.

Não me lembro do que ele dizia sobre o Iluminismo, mas suas palavras sobre Pessoa ficaram gravadas em mim, como a semente que floresceria muito mais tarde em meus livros e artigos sobre o poeta. Assim, tive a sorte de entrar em contato com a obra de Pessoa pelas palavras de um de seus maiores críticos. Como reconhecimento, escrevi artigos sobre Casais Monteiro, sobre o caráter pioneiro e cosmopolita de sua obra crítica, e sobre a maneira generosa e certeira como ele se inseriu nos debates literários brasileiros da época. Seus notáveis artigos foram reunidos em *Figuras e problemas da literatura brasileira contemporânea* (1972). Vale a pena reler o que ele escreveu sobre nosso modernismo e sobre Guimarães Rosa, num momento em que o escritor ainda estava longe de ser uma unanimidade. Minha admiração por Casais Monteiro está expressa na introdução que escrevi para *Clareza e mistério da crítica*, quarto volume de suas obras completas, publicado em Lisboa pela Imprensa Nacional-Casa da Moeda, em 2000.

A partir dos anos 1970, fui numerosas vezes a Portugal, para congressos e colóquios. Essas viagens foram importantes para mim em vários sentidos. Lembro-me de que, durante minha primeira estada em Lisboa, ouvindo uma conversa de escritores, pensei: é isso que desejo da vida, ouvir escritores falando de literatura! Um desejo que tem sido realizado ao longo do tempo. E tendo sido introduzida à literatura portuguesa desde o curso secundário, quando tive como professor Antonio Soares Amora (1917-1999), minha relação pessoal com essa literatura se expandiu mais tarde em ensaios sobre Pessoa, Camilo Pessanha, Cesário Verde, Mário de Sá-Carneiro. Não parei, assim, de fazer excursões à literatura portuguesa. Também escrevi bastante sobre José Saramago. Mas este será tema de outro capítulo, mais adiante.

Em minhas viagens à Europa, fiz várias escalas no aeroporto de Lisboa. Em 2008, como tinha bastante tempo, fiquei olhando os aviões estacionados na pista. Ora, os aviões da TAP têm nome. Os maiores, de longo curso, são batizados com os nomes dos grandes navegadores, e os menores homenageiam artistas e escritores. Fiquei ali junto ao vidro, lendo os nomes gravados nos aviões: Almada Negreiros (329 CS-TNH); Natália Correia (320 CS--TNM); Alexandre O'Neill (320 CS-TNP); Sophia de Mello Breyner (319 CS-TTU). Que belo destino tiveram esses escritores! Ao morrer, se transformaram em aviões e continuam voando por aí! Nunca vi o Fernando Pessoa (319 CS-TTC), mas sei que ele existe, só não gosta muito de aparecer. Também ainda não vi o José Saramago (320 CS-TNW), mas algum dia espero viajar nele.

Recentemente, revi Lisboa. Nos sessenta anos passados desde minha primeira viagem à capital, a cidade parece ter vivido mais de um século. Em 1958, sob a dilatada ditadura de Salazar, era uma grande aldeia pasmacenta, esquecida no canto extremo da Europa. Possuía uma pequena elite intelectual e literária, que apesar do medo da PIDE, a temível polícia da ditadura, produzia obras do mesmo nível que o das outras capitais europeias. E quando se rebelava era forçada ao exílio.

Fora dos salões, nas ruas da Baixa, eram numerosas as mulheres embiocadas com xales pretos, carregando cestas. Nas portas das igrejas, os mendigos cegos ou feridos pediam esmola. As ruelas e as escadas tinham montes de lixo. Os lindos casarões antigos transformavam-se, pouco a pouco, em ruínas. Os cafés eram exclusivamente masculinos, frequentados por homens enchapelados. As senhoras elegantes só iam às pastelarias.

Em 2018, mais de quarenta anos depois do belo sobressalto da Revolução dos Cravos, já quase esquecido, da perda do império colonial e do ingresso na União Europeia, Lisboa está esplendorosa. Linda, ela sempre foi, por sua abertura oceânica, sua vegetação exuberante e sua luminosidade solar. Mas agora os azulejos dos casarões parecem ter sidos recuperados e lustrados, as lojas de luxo proliferam, os carrões reluzentes deslizam pela avenida da Liberdade, dirigidos por jovens lisboetas elegantíssimos ou por africanos milionários de Angola e Guiné. Todo esse progresso se deve ao turismo, e à compra por estrangeiros ricos (brasileiros sobretudo) dos imóveis lisboetas, que expulsam os antigos habitantes de suas casas alugadas. Mas isso já é outra história, na qual sou apenas uma sobrevivente. Afinal, quem viu a antiga Lisboa quase não a reconhece mais. E quem viu a praia de Nazaré com seus barcos de madeira pintada, as mulheres de pescadores vestidas com sete saias, sentadas na areia sob grandes mantos negros, e visita a Nazaré atual do turismo e do surfe, sabe que seu tempo já passou. Permanece o amor por Portugal e sua literatura.

Os *nouveaux romanciers*

Como resultado de minha formação secundária e universitária, eu conhecia bem a literatura francesa do passado. Leituras, eu já tinha muitas, mas um tanto aleatórias. Na adolescência, li romances já um pouco datados, de François Mauriac, Georges Bernanos e Jean Giraudoux. Apaixonei-me por *Jean-Christophe* de Romain Rolland e declarei a um professor de francês que aquele era o maior romance jamais escrito. Ponderado, ele me respondeu: "Espere até ler Proust". E foi o que fiz aos dezoito anos, quando passei as férias de verão lendo os catorze volumes de *À la Recherche du temps perdu*, emprestados da Biblioteca Municipal. Verifiquei que aquele professor estava certo. No curso de letras, minha colega Lucila Ribeiro (futura teórica de cinema e esposa de Jean-Claude Bernardet) me presenteou com *La nausée*, de Sartre, que foi para mim uma revelação. No jornalzinho do grêmio, publiquei um artigo sobre Camus, que eu também acabara de descobrir.

Quando comecei a publicar resenhas de livros franceses no Suplemento Literário, interessei-me por aquilo que estava acontecendo na França naquele momento. Meu gosto modernista, consolidado nos anos de pintura abstrata, me inclinava para o que era novo. E o novo era o *nouveau roman*. Decidi, então, informar-me de modo mais sistemático. Para isso, eu dispunha de três manuais: *Panorama de la nouvelle littérature française*, de Gaëtan Picon, *Une histoire vivante de la littérature d'aujourd'hui*, de Pierre de Boisdeffre, e *Écrivains d'aujourd'hui*, coletânea organizada por Bernard Pingaud. Publicados em 1960, esses manuais incluíam autores editados até aquela data. Gaëtan Picon hesitava ainda sobre o caráter inovador do *nouveau roman*: "A ruptura com a tradição romanesca é evidente. Mas qual é exatamente o seu lugar?". Pierre de Boisdeffre tratava os romancistas mais recentes e experimentais num subcapítulo intitulado "Do lado do esoterismo" e classificava suas obras como "antirromances", termo cunhado por Sartre em 1948, a respeito de Nathalie Sarraute. O terceiro, redigido por críticos mais jovens, já era abertamente favorável aos inovadores. Além desses manuais, eu recolhia, na Livraria Francesa, uns livrinhos gratuitos de uma coleção intitulada Livres de France, bastante eclética.

Eclética fui eu também, em minhas resenhas, até 1960, quando publiquei meu primeiro artigo longo no Suplemento: "Aspectos do *nouveau roman*", ilustrado com uma foto de Michel Butor. A partir de 1961, quando Décio de Almeida Prado me encarregou da seção "Letras francesas", concentrei-me nos autores dessa tendência: Claude Simon, Nathalie Sarraute, Robbe-Grillet, Robert Pinget. Em 1963, eu já fazia um balanço do movimento, com dois artigos intitulados "Situação do *nouveau roman*". Comecei então a enviar cópias de meus artigos às editoras francesas, para obter novos livros em *service de presse*. Elas então me mandavam os livros, encaminhavam os meus artigos aos autores, e alguns deles me escreveram. Ainda era o bom tempo das cartas, quando as mensagens eram longas e pessoais. A caligrafia dos missivistas e a escolha dos selos já informavam muito sobre eles. Passando pela portaria de meu prédio, eu ficava feliz quando me entregavam os leves envelopes aéreos, tarjados com as cores da bandeira francesa.

Em função de meus artigos e de meu primeiro livro sobre o *nouveau roman*, acabei conhecendo pessoalmente os principais escritores dessa tendência. Digo "tendência" porque eles nunca formaram realmente um grupo organizado. Foram agrupados pela crítica sob essa rubrica porque desenvolviam experimentações ficcionais semelhantes e eram todos publicados pela editora Minuit.

A mais velha deles era Nathalie Sarraute (1900-1999), que fora precursora do gênero. Judia nascida na Rússia e educada na França, Sarraute recebera esse sobrenome de seu marido francês, advogado como ela. Desde 1959, publiquei artigos sobre seus admiráveis romances — *Le Planétarium* (1959), *Les Fruits d'or* (1963) — e seu ensaio *L'Ère du soupçon* (1956). Mas nunca mantive correspondência com ela. Conheci-a pessoalmente quando ela veio ao Brasil nos anos 1960. Era uma senhorinha miúda, vestida de modo sóbrio com um casaco reto e um chapeuzinho. Sua expressão séria e determinada repelia qualquer aproximação. Não me aventurei a solicitar-lhe uma entrevista. Limitei-me, então, a pedir seu autógrafo num livro.

Quando ela já estava bem idosa, ouvi de amigos histórias sobre ela, algumas curiosas. Todos os anos alugava três cadeiras na praia de Lido, em Veneza, e obrigava suas duas filhas jornalistas a irem com ela tomar sol. Diziam também que, quando já era quase centenária, mostrava aos conhecidos que ainda tinha todos os dentes. Não me admira, porque a mulherzinha era poderosa. Crítica feroz da linguagem burguesa, desvendava seus subentendidos ideológicos, em especial no que se refere ao racismo. Atualmente, Nathalie Sarraute está sendo revalorizada na França, com a publicação de sua biografia, reedições de seus livros e novas encenações de suas obras teatrais.

Outro novo romancista, Alain Robbe-Grillet (1922-2008), havia me escrito uma carta breve em 1967, agradecendo o envio de meu livro. Mas foi bem mais tarde, já no fim da década de 1970, que o conheci na casa de amigos. Era alto e moreno, tipo bonitão, com cabelos revoltos e bigode. Conversando comigo, ele não falou de literatura, apenas me deu um conselho: "Você fala francês bem demais. Se quiser fazer sucesso em Paris precisa recuperar seu sotaque estrangeiro". De sucesso ele entendia, porque já era então muito famoso como romancista e cineasta, e se comportava como uma celebridade. Não por acaso, no fim de sua vida, em 2004, foi o único dos novos romancistas a ingressar na Academia Francesa e a receber honrarias não literárias. Nos anos 1970, convidei-o a vir ao Brasil para conferências, mas o projeto não se realizou porque ele exigia bilhetes de primeira classe e hotel cinco estrelas para ele e sua mulher, o que não cabia nos orçamentos universitários.

Ouvi muitas histórias acerca do casal Alain e Catherine Robbe-Grillet, que viviam num castelo nos arredores de Paris. Ambos gostavam de mostrar aos amigos um compartimento "secreto" de sua residência destinado a práticas sadomasoquistas, com correntes penduradas nas paredes, algemas e chicotes. Os visitantes comentavam que esse compartimento era tão kitsch quanto os últimos filmes do autor, e que a rigorosa limpeza do ambiente sugeria um cenário. Um ex-aluno de Barthes contou, num livro de memórias, que o casal havia convidado uma aluna do ensaísta, a "bela Florence", para uma sessão naquele local. A moça disse, depois, que eles se limitaram a enfiar agulhas em seu corpo, o que ela achou muito desagradável e aborrecido. Uma sessão de acupuntura teria sido mais proveitosa.

Conheci também pessoalmente outro novo romancista menos famoso, mas cultuado internacionalmente por leitores refinados. Trata-se de Robert Pinget (1919-1997), suíço naturalizado francês. Em 1963, eu publicara no Suplemento Literário um longo artigo sobre seu romance *L'Inquisitoire*, e em 1966 publiquei uma resenha de *Quelqu'un*, livro que recebeu o prêmio Fémina daquele ano. Em seus livros, Pinget dá a palavra a personagens geralmente velhas e humildes, que contam histórias presenciadas por elas. A tagarelice desses narradores, talvez caducos, talvez mentirosos, cria uma incerteza sobre os acontecimentos e lhes dá ares de histórias policiais. Pinget é um mestre na reprodução da oralidade popular e na descrição de pormenores ínfimos.

Em 1968 entrei em contato com ele para uma entrevista. Encontramo-nos num café parisiense. Era um homem calvo com um rosto forte, sulcado, mas ainda belo. Conversamos sobre seus livros durante uma hora, mas não consegui tirar, dessa conversa, nenhuma fala coerente, tão original era o entrevistado. Entre outras coisas um pouco bizarras, ele me disse que não inventava nada. Apenas transcrevia uma espécie de gravação que ouvia permanentemente em sua cabeça. Também me contou que, uma vez por semana, tinha um encontro marcado com Samuel Beckett e Claude Simon. Fiquei imaginando o que diriam entre eles esses três escritores sombrios e pouco dados a jogar conversa fora. Agradeci pela conversa e desisti da entrevista.

As reações dos literatos brasileiros ao *nouveau roman* foram variadas, e muitas vezes hostis, como acontecia com os franceses da mesma época. "Frio", "desumano", "artificial", eram os mesmos qualificativos que eu vira aplicados à pintura abstrata geométrica. Entretanto, meus artigos eram lidos por vários escritores brasileiros mais jovens, que anos depois me disseram o quanto eles influíram em suas obras futuras, por adesão ou reação.

Michel Butor, um clássico do século xx

O primeiro novo romancista com que tive contato foi Michel Butor (1926-2016). Recebi suas primeiras mensagens em 1961, e em janeiro de 1962 o conheci pessoalmente, em Paris. Butor tinha então 36 anos, já havia publicado vários livros de ficção e de crítica, alguns dos quais receberam prêmios. Por seus romances *Passage de Milan* (1954), *L'Emploi du temps* (1956), *La Modification* (1957) e *Degrés* (1960), ele era reconhecido como um dos mestres do *nouveau roman*. Dois anos mais tarde seria incluído numa coleção intitulada Classiques du xxe Siècle, tão impressionante já era sua produção. Sua produtividade familiar também era intensa, pois ele já tinha três filhas e, mais tarde, teria uma quarta.

O melhor adjetivo para definir o jovem Butor seria "*pétillant*", que poderíamos traduzir por "efervescente" ou "trepidante". Seus olhos brilhantes se fixavam nas pessoas e nas coisas com grande interesse, e sua conversa, embora calma e didática, incluía um número estonteante de projetos, que ele resumia na expressão: "*J'ai du pain sur la planche pour cent ans*" [Tenho coisas a fazer por cem anos].

Na entrevista que publiquei no Suplemento, em setembro de 1962, ele me falou dos projetos que tinha em andamento: um texto sobre Calder, outro sobre a Basílica de São Marcos e o libreto de uma ópera-mobile, em colaboração com o músico de vanguarda Henri Pousseur. Essa ópera, intitulada *Votre Faust*, teria um enredo variável, dependendo da votação dos espectadores, aos quais seriam oferecidas diferentes possibilidades de continuação. E no mesmo ano de 1962 ele tinha publicado aquela que permanece como sua obra mais inovadora: *Mobile: Étude pour une représentation des États-Unis.*

Alguns meses depois desse encontro em Paris, reencontrei Butor na Universidade de Wisconsin, em Madison. Tivemos uma longa conversa na cafeteria da universidade, durante a qual ele me explicou a estrutura temporal de seu romance *L'Emploi du temps*, e ilustrou-a com um desenho traçado num guardanapo de papel.

Continuamos a nos corresponder. Em 1969, jantei com a família Butor na casa em que moravam, em Sainte-Geneviève-des-Bois, nos arredores de Paris. Nossa relação epistolar não parou e, por parte dele, se transformou em arte postal: cartões-postais recortados e remontados por meio de colagens ou dobraduras de grande beleza plástica. Uma vez, ele me enviou uma pasta de papelão cor de laranja contendo dez páginas de colagens em branco e preto, apresentando todas no centro uma única palavra manuscrita: *merci.*

Butor veio ao Brasil pela primeira vez em 1967. Publiquei então, no Suplemento, uma entrevista com ele. Essa entrevista, inédita em livro, é uma síntese perfeita de seu pensamento e de seu projeto literário, inovador e cosmopolita. Fiz-lhe apenas três perguntas. A primeira era: "Qual a função da literatura na sociedade?". Entre outras coisas, ele disse:

A literatura, num sentido mais geral, é um instrumento de óptica, um meio de conhecer a realidade. Mas distinguimos, no interior desse grande conjunto das coisas que se contam, aquilo que é informação da literatura propriamente dita. No primeiro caso, o que nos interessa é principalmente as coisas que nos dizem; no segundo, o modo como é dito. [...] Só podemos falar em literatura, no sentido estrito, quando nos referimos ao conjunto de livros nos quais o modo de dizer é ele mesmo um assunto.

A segunda pergunta era: "Qual será, em sua opinião, o futuro do livro?". Na longa resposta, disse ele:

O livro, tal qual o conhecemos, pode mudar. Talvez, nos séculos próximos, os livros que serão usados tenham uma forma bem diferente da que conhecemos hoje. Um elemento de mudança muito importante é o que se refere ao papel da ilustração no interior do livro. [Hoje] ilustramos os livros como podemos, colocamos imagens ao lado dos textos, mas é extremamente raro encontrar um livro que tenha sido pensado em seu conjunto, isto é, no qual a ilustração represente, com relação ao texto, um papel fundamental, e reciprocamente.

A terceira pergunta se referia à situação da literatura francesa naquele momento. Butor falou, então, do peso da tradição literária de seu país, da perda de prestígio da língua francesa, da necessária abertura dos franceses a outras literaturas e da importância das traduções em outras línguas.

Butor sempre foi internacional. Quando jovem, lecionou no Egito, na Inglaterra e na Grécia. Ao longo dos anos, suas viagens se multiplicaram de modo espantoso. Ele estava o tempo todo partindo ou chegando em algum canto da Terra. Numa carta ele me dizia simplesmente: "Gosto dos aeroportos". E essa carta foi postada no aeroporto de Orly. Um amigo comum, que também recebia as mensagens internacionais de Butor, comentava que ele era uma espécie de general relatando seus deslocamentos às tropas.

Nos anos 1970, depois de várias temporadas como professor visitante em universidades norte-americanas, Butor tentou ingressar na carreira universitária francesa, defendendo um doutorado "*sur travaux*", isto é, sobre seus já inúmeros e importantes textos de crítica literária. Infelizmente, como ele diria mais tarde, a universidade francesa o "ejetou". Uma cabala urdida por universitários tradicionalistas recusou-lhe um cargo institucional. Ele era demasiadamente inovador, havia tido participação ativa na revolta estudantil de maio de 1968 e defendido publicamente Roland Barthes numa polêmica com Raymond Picard, mandarim da velha Sorbonne, sobre a nova crítica. Depois de um breve período na Universidade de Nice, foi contratado pela Universidade de Genebra, onde fez uma brilhante carreira. Ali ele era tão respeitado e amado que, ainda na ativa, podia caminhar no gramado ao lado de sua própria estátua em tamanho natural.

Em 1973, participei do colóquio em sua homenagem no Centro Cultural de Cerisy. Logo depois, quando ele ainda residia em Nice e eu estava passando uma temporada em Paris, convidou-me novamente a visitá-lo. Assim, durante as férias de Natal, tomei o trem e passei um dia inesquecível em sua casa, que ele batizara de "*Aux Antipodes*" [Nos antípodas]. De manhã, passeamos pela cidade e fomos a uma feira fazer compras para o almoço, preparado por sua mulher Marie-Jo. À tarde, ele me mostrou seus "tesouros": numerosas obras de artistas contemporâneos com os quais ele colaborara, "livros-objetos" por eles criados.

Voltei a Paris carregada de presentes: três grandes pacotes de manuscritos de seus livros, ilustrados e corrigidos à mão, rascunhos de cartas e duas belas gravuras do americano Gregory Masurovsky (1929-2009), pertencentes a um conjunto produzido para ser acompanhado de textos manuscritos de Butor. Ele era extremamente generoso e gostava de partilhar suas riquezas. Em suas cartas, ele continuou me convidando a ir vê-lo, porque ele teria "*un tas de trucs*" (um monte de coisas) a me mostrar e porque "*on pourrait conspirer*" (poderíamos conspirar).

Em 1974, traduzi e publiquei no Brasil uma seleção de ensaios escolhidos na série intitulada *Repertório*, da editora Perspectiva. À diferença da maioria de seus conterrâneos, o repertório literário de Butor incluía autores de vários países e línguas. Tendo já abandonado o gênero romance, Butor acabou por abandonar também a crítica literária tradicional, em proveito de uma prosa livre que mesclava ficção, poesia e ensaio. A publicação de *Mobile*, em 1962, foi o marco dessa virada. *Mobile* era uma obra inclassificável como gênero: uma "representação dos Estados Unidos" efetuada a partir dos nomes idênticos de cidades nos diferentes estados do país, em vários fusos horários. Entre outros aspectos dos Estados Unidos, ele aí repertoriava a extensa gama de cores (de carros, de tecidos, de sorvetes), da qual extraía uma reflexão sobre o problema racial americano.

Essa obra "galáctica" e "mallarmaica" o aproximava das propostas dos poetas concretos paulistas. Numa carta de 1963, ele já me perguntava: "Você conhece as pessoas de *Noigandres*? Eles me enviaram suas produções. Isso me parece muito interessante". *Noigandres* era a revista dos poetas concretos paulistas. Desde então, Butor manteve intenso contato com Haroldo e Augusto de Campos. Este havia publicado um artigo sobre *Mobile*, segundo ele uma "experiência radical" pelo fato de "a estrutura do texto est[ar] engajada na postulação implícita de uma nova prosa". Haroldo de Campos, por sua vez, considerava Butor "o único dos representantes do *nouveau roman* que enfrentou de fato o problema da ultrapassagem das fronteiras tradicionais entre a prosa e a poesia, e de sua integração na materialidade do texto". Num depoimento dado anos mais tarde, na França, Butor declarou que os irmãos Campos fizeram-no rever sua leitura de Mallarmé. O que não é pouca coisa, vinda de quem vinha.

Butor voltou a São Paulo mais duas vezes. Em 1984, ouvi e gravei uma apaixonante conversa dele com Haroldo e Augusto de Campos sobre o futuro do livro na era da informática, que estava então em seus primórdios. Os três se entusiasmavam com a perspectiva de dispor de amplas possibilidades visuais, auditivas e cinéticas para seus textos. Em 1992, em plena campanha dos "caras-pintadas" pela deposição do presidente Collor, Butor esteve presente na inauguração de uma exposição de livros de arte no MAC de São Paulo. Ele se vestiu então de preto, como todos nós que o acompanhávamos.

Naquela altura, ele já estava residindo numa cidadezinha francesa situada na fronteira com a Suíça. A nova residência se chamava, significativamente, "*À l'Écart*" [À margem]. Anos antes, ele inserira em um livro seu um cartão em que a editora informava que o autor estava "ausente de Paris". E esse foi o título que dei a uma resenha que publiquei em Paris, na *Quinzaine Littéraire*. Em consequência dessa ausência, Butor continuava respeitado, mas pouco citado nas rodas literárias da capital. O gigantismo de sua obra (mais de duas centenas de livros) e o caráter experimental de sua escrita talvez tenham desencorajado aqueles leitores que o haviam festejado como novo romancista e crítico literário.

Enquanto isso, revistas de vários países continuavam a publicar números especiais dedicados à sua obra, e, por indicação dele, participei de algumas dessas publicações. Nos anos 1990, nossa correspondência se tornou menos frequente. Em 1999, tivemos um breve encontro no Centre Pompidou, onde se exibia um filme dedicado a ele. Michel e Marie-Jo ficaram muito surpresos ao me ver, e lembraram, com carinho, minhas várias e remotas visitas a ambos.

Finalmente, em 2011, a professora Márcia Arbex organizou um colóquio sobre sua obra na Universidade Federal de Minas Gerais. Pude então revê-lo pela última vez. Butor era um velho senhor ainda robusto. Com sua longa barba branca e sua vestimenta característica, uma espécie de macacão com os bolsos cheios de canetas, ele parecia um Papai Noel recém-saído de sua oficina de brinquedos. O olhar ainda era o mesmo, "*pétillant*". Desde a morte de sua fiel Marie-Jo, ele vivia com uma de suas filhas na bela casa da Haute-Savoie, que se transformaria em museu após sua morte.

Foram tantos os artigos que publiquei sobre Butor que acredito ser ele o autor contemporâneo sobre o qual mais escrevi, em mais de meio século de carreira literária. O artigo "O império literário de Michel Butor", incluído em meu livro *Flores da escrivaninha* (1990), é um sobrevoo de sua vasta obra. Também é dele a mais volumosa correspondência de escritor que possuo, a maior parte constituída de inventivas colagens em cartões-postais e outros suportes, que exibi no colóquio de Belo Horizonte. Em 1992, a Universidade da Califórnia em Los Angeles (UCLA) organizou um encontro consagrado exclusivamente aos cartões-postais de Butor.

Devo a Michel Butor grande parte de minha fundamentação teórica e crítica. O conceito de "crítico-escritor", ao qual dediquei tantas páginas, é inspirado nele. Pessoalmente, ele era também um mestre, competente e discreto. Quando comecei a trabalhar sobre Lautréamont, na década de 1960, mostrei-lhe meus primeiros escritos, descritivos e vagamente psicanalíticos. Ele não fez comentários, mas providenciou para que eu recebesse o recém-publicado *Lautréamont par lui-même*, de Marcelin Pleynet, que me fez ver o quanto minha leitura estava desatualizada.

Nossa amizade durou meio século e sempre foi reafirmada por ele. Suas cartas e cartões terminavam frequentemente com a fórmula "*Mille amitiés*", e uma vez com "*1001 amitiés*", numa alusão cifrada a meu nome. Fora ele que me revelara, logo que nos conhecemos, que meu nome significa "noite", e que *As mil e uma noites* em árabe — *Alf layla wa-layla* — corresponde, literalmente, a "mil leylas e uma leyla". O enciclopedismo e a delicadeza estavam unidos em Michel Butor, que faleceu às vésperas de completar noventa anos de vida e pelo menos setenta de intensa produção. A publicação de suas obras completas, atualmente em curso pela editora La Différence, terá treze volumes. Ou mais...

Claude Simon,
o Nobel desconhecido

Desde 1961, quando ele acabava de ser descoberto em seu país, a obra de Claude Simon (1913-2005) me interessou. Em setembro daquele ano, publiquei meu primeiro artigo sobre ele no Suplemento Literário. Seus romances seguintes fizeram com que meu interesse se transformasse em admiração. Entre 1961 e 1967, publiquei mais alguns artigos sobre ele, no mesmo Suplemento.

A infância e a juventude de Claude Simon foram marcadas por experiências fortes. Ainda menino, percorreu com a mãe os escombros e os cemitérios da região de Verdun, à procura do túmulo do pai, que tinha morrido na guerra de 1914. Com vinte e três anos foi à Espanha, para apoiar os revolucionários. Não chegou a lutar, mas fotografou a cidade de Barcelona em guerra civil. Durante a Segunda Guerra Mundial, foi mobilizado e feito prisioneiro num campo de concentração na Saxônia, do qual fugiu. De volta à França, aderiu à resistência contra a ocupação alemã. Essas experiências foram determinantes para sua temática de escritor: a morte, a guerra, as ruínas, a memória.

Depois da guerra, instalou-se em Salses, nos Pirineus orientais, região conhecida como a Catalunha francesa, tornou-se viticultor e dedicou-se à escrita, à pintura e à fotografia. Em sua juventude, ele teve aulas de pintura com André Lhote (1885-1962), aquele pintor que meu mestre Flexor tanto estimava, e ao longo de toda a sua vida manteve estreitas relações com os pintores Soulages, Alechinsky e Tapiès.

Seus primeiros romances *Le Vent* (1957), *L'Herbe* (1958), *La Route des Flandres* (1960) e *Le Palace* (1962) foram saudados pela crítica e premiados. Claude Simon foi incluído no grupo dos novos romancistas pelo caráter experimental de sua ficção. Mas afora a predominância da visualidade, marca daquela que foi chamada "a escola do olhar", sua obra é muito diferente das de seus "colegas". De fato, a escrita de seus romances é um fluxo barroco e aparentemente desordenado de lembranças, dotado de uma força sensual que se comunica ao leitor: visões, odores, ruídos e experiências eróticas até então ausentes do *nouveau roman*. Principalmente visões, porque sua obra literária traz as marcas do pintor e fotógrafo que ele também era. Em 1985, quando recebeu o prêmio Nobel, ele definiu a própria obra, em seu discurso, como "um magma de palavras e emoções".

Eu não sabia nada a seu respeito em 1961, quando li o romance *Le Vent* e fiquei fascinada. Como eu enviava meus artigos aos autores, por meio de seus editores, em agosto de 1962 recebi a primeira carta dele, datilografada, em que dizia: "Li com grande prazer o artigo cuja tradução você teve a amabilidade de me enviar, e vejo que, contrariamente ao que faz a maioria dos críticos, você me leu com uma atenção e uma compreensão que me tocam". Fazia, porém, duas observações: achava que eu era severa demais com Alain Robbe-Grillet, e com ele mesmo na análise do romance *L'Herbe*, que eu achava mais artificial do que os anteriores, *Le Vent* e *La Route des Flandres*. Dizia ele:

Paradoxalmente, *L'Herbe* é para mim, ao contrário, o menos "literário" de meus livros, aquele que mais escrevi com o coração, numa espécie de homenagem ou de oração fúnebre dedicada a uma velha tia que me criou, que eu considerava e amava como minha mãe, e cuja morte me afetou tão dolorosamente que (na medida em que escrever é, entre outras coisas, tentar lutar um pouco contra ela) senti a necessidade de fazer aquele livro.

Fiquei sensibilizada com sua carta, que francamente não esperava, e vesti humildemente a carapuça de jovem crítica abusada. Sua assinatura, ilegível, parecia o desenho de uma cadeia de montanhas, o pingo do i flutuando como uma estrelinha ao lado do pico mais alto. Os Pirineus orientais? A carta trazia seu bonito endereço: 12 Rue Cloche d'Or, Perpignan, cidade francesa à beira do Mediterrâneo, a dois passos da Espanha.

A segunda carta de Claude Simon, manuscrita, era datada de dezembro de 1962. Ele se desculpava da brevidade da missiva, dizendo que estava "em plena mudança de uma velha casa que parece ser o tonel das Danaides ao contrário". Como eu persistisse em lhe mandar meus artigos e em lhe fazer perguntas, recebi uma terceira carta em abril de 1963. Nessa ele dizia:

Informações biográficas a meu respeito: francamente, acho isso inútil. A vida de um escritor são seus livros. A fórmula é particularmente justa para mim, na medida em que sou absolutamente incapaz de inventar alguma coisa. Só sei contar o que vi ou experimentei.

As circunstâncias em que escrevi *Le Palace* são simples. Estive em Barcelona em 1936. Mas esse livro não pode constituir o que se chama de um "testemunho" (quem pode "testemunhar" sem impostura?). É simplesmente a descrição das imagens e das sensações que, de tudo aquilo, permaneciam ainda em mim depois de mais de vinte anos.

No mesmo ano, recebi mais uma carta dele. Com a paciência já demonstrada anteriormente, ele levava a sério aquela jovem crítica de um país distante. Nessa carta, ele respondia às dúvidas gerais que eu havia expressado:

> Você está enganada ao duvidar do valor da crítica literária. Ou então, devemos duvidar de todos os valores, como os da literatura, da filosofia, da pintura ou da música. É uma maneira de ver que pode ser defendida. Para um homem que morre de fome, um quadro ou um livro não têm, evidentemente, grande valor, a menos que o livro lhe ensine algum modo de conseguir comida — e ainda será preciso que o homem saiba ler...
>
> Voltando à crítica: se existe um domínio em que, justamente, não se pode dizer qualquer coisa sobre qualquer coisa, é o da crítica. Tive essa experiência lendo inúmeras e incríveis bobagens que se escreveram sobre meus livros, mesmo quando a intenção de quem escrevia era a de elogiá-los. Acho mesmo que, para um escritor, os comentários elogiosos que não se justificam são piores do que tudo. Não é o caso dos seus. Fico feliz, em particular, por você ter escrito que *Le Palace* é "um romance que se constrói, por assim dizer, sozinho, a partir de uma imagem matriz etc.".

Seguiam-se indicações de artigos sobre sua obra, de Jean Ricardou e de Michel Deguy. E a citação de um parágrafo de Roland Barthes sobre a crítica, que foi para mim a segunda chamada de atenção (depois da leitura de *Le Livre à venir*, de Blanchot) para aquele que se tornaria, poucos anos depois, meu mestre e amigo. A partir de então, recebi de Claude Simon alguns cartões-postais agradecendo votos de ano-novo. Até que, em fevereiro de 1969, conheci-o pessoalmente.

Instalado em seu apartamento de Paris, no nº 3 da Place Monge, ele me recebeu para uma entrevista. Simon, então com 55 anos, era um belo homem, tão sério que evocava algo de trágico. Era moreno, forte sem ser alto, já um pouco calvo, e seu rosto, marcado por leves rugas, impressionava pelo olhar ardente, como que assustado. Conversamos sobre sua obra durante uma hora, mais ou menos. Enviei-lhe posteriormente o texto datilografado da entrevista, que ele me devolveu com numerosas correções manuscritas. Esse texto, que conservo, mereceria a atenção dos pesquisadores atuais de sua obra, na medida em que as correções demonstram seus escrúpulos, sua obsessão pela palavra exata que porventura não lhe tivesse ocorrido na forma oral.

Nessa entrevista, publicada no Suplemento Literário em março de 1969, eu começava por registrar minhas impressões:

O lugar: a Place Monge, silenciosa sob a chuva. Os objetos: um quadro de Miró; a fotografia de uma santa barroca recortada de algum livro ou revista; uma grande pedra de forma vagamente saurina, vinda de Cadaquès, Espanha; um pedaço de madeira que já flutuou em muitas águas, todo roído, levíssimo; conchas e minerais. O homem: os olhos inesperadamente azuis, de expressão surpresa e inquieta; a gentileza nos gestos e a sinceridade em cada palavra; uma seriedade natural que permanece inteira por detrás do sorriso difícil.

Como pano de fundo imaginário, o que me ficou da leitura de seus livros: Montès, de *Le Vent*, com seu impermeável cor de chiclete; o longo desfile de vencidos, esgotados e delirantes, em *La Route des Flandres*; as maçãs podres da agonia, em *L'Herbe*; a náusea e o espanto da morte, em *Le Palace*; a procura do ventre materno, em *Histoire*.

Em resposta a uma de minhas primeiras perguntas, ele disse que não entendia os escritores que pretendem "exprimir" algo que pensaram ou sentiram antes de escrever:

Meus romances nascem sempre da folha branca. Há escritores que dizem ter medo dela. Para mim é o contrário, é a folha branca que me faz escrever. Antes do ato de escrever não há nada; sensações, lembranças, mas informes. Não compreendo os escritores que dizem: 'não consigo me exprimir', como se houvesse alguma coisa de definido antes do ato de escrever.

Na revisão de minhas notas, ele acrescentou uma frase: "O que se escreve é sempre o que acontece no presente da escrita". E citava Raoul Dufy e Picasso, que diziam que o quadro feito nunca era o que se pretendia pintar, acrescentando: "É exatamente isso. Jamais escrevi o que eu acreditava que ia escrever". Essa afirmação, assim como a comparação com o trabalho de pintores de seu tempo, se repetiria em outros depoimentos posteriores.

Disse-me também: "Merleau-Ponty analisou minha obra num de seus últimos cursos. Depois de ouvi-lo, eu lhe disse: 'Como esse Claude Simon de quem você fala deve ser inteligente!'. Ao que ele respondeu: 'É você, mas é você só quando você escreve'. Quando escrevo, suscito alguém superior a mim mesmo, àquele que sou quando emprego a linguagem da conversa corrente".

Pedi-lhe que falasse de seu romance *Histoire*, publicado em 1967 e vencedor do prêmio Médicis daquele ano. Ele disse:

Pensei muito acerca desse título. Em grego, história significa: inquérito, pesquisas que se fazem com vistas a escrever uma história. Nesse sentido, todo romance é uma história: *À la Recherche du temps perdu*, *Ulysses*... Nunca se escreve a história ela mesma, os acontecimentos. Escreve-se a tentativa de escrevê-la.

Em francês, *histoire* é a História dos homens, e também uma história que se conta. Mas não somente, é ainda a mentira: "*Il raconte des histoires*". Ou aquilo que se esconde. Encontrei no *Littré* este exemplo: "*Elle est tombée si malheureusement qu'on a vu toute son histoire*" [ela caiu tão desastrosamente que viram toda a sua história].

Para concluir, acrescentei à entrevista minhas últimas impressões: "A chuva continuava a cair miudamente sobre a Place Monge, apagando os passos e fazendo crescer a erva".

Quando residi em Paris, de 1972 a 1975, revi Simon algumas vezes, na casa de Georges e Alice Raillard, que me proporcionaram esse e outros maravilhosos encontros. Georges Raillard (1907-2018) foi um crítico de arte muito ligado ao Brasil, por ter sido adido cultural no Rio de Janeiro. Sua mulher, Alice (falecida em 2009), foi uma excelente tradutora de autores brasileiros como Jorge Amado, João Cabral de Melo Neto e Raduan Nassar. Alice era uma mulher de grande beleza exterior e interior. Sempre vestida de preto, tinha a afetividade à flor da pele e era uma anfitriã perfeita. Seu filho, Henri Raillard, falecido ainda jovem, foi como ela muito ligado ao Brasil e traduziu, entre outros, Chico Buarque e Paulo Lins.

O apartamento dos Raillard, na Rue du Val-de-Grâce, era um *salon* parisiense com toques de Brasil (santos barrocos, carrancas do São Francisco) e quadros preciosos de Miró e Tapiès, dos quais Georges foi amigo e sobre os quais publicou livros. Os jantares dos Raillard eram notáveis, tanto pela culinária lionesa da anfitriã, quanto pelas pessoas que os frequentavam, escritores, poetas e pintores.

Nesses jantares, Claude Simon continuava sendo muito gentil, mas sempre sério e de poucas palavras. Surpreendeu a todos quando disse que fazia jogging no Jardin des Plantes ou no Luxembourg. Os intelectuais franceses presentes não eram muito chegados a esportes, e quase se horrorizaram quando ele confirmou que usava abrigo e tênis em suas corridas. Isso lhes parecia muito americanizado. Soube também, nessa mesma época, que ele era muito amigo de Samuel Beckett. Os dois deviam trocar muitos silêncios.

Uma década mais tarde, em 1984, quando Borges fez uma conferência no Collège de France, encontrei Simon sozinho na fila de entrada. Disse-lhe, então, que aquele era um dia especial para mim, pois ia ouvir Borges na companhia de outro dos escritores que eu mais admirava. Ele respondeu: "Por favor, não me compare a Borges!". Ora, o mestre argentino nem imaginava que, naquela sala, estava o escritor que lhe roubaria, no ano seguinte, o sempre adiado prêmio Nobel.

Quando Claude Simon recebeu a honraria, surgiu uma polêmica. Mesmo em seu país, alguns o consideravam um escritor difícil e inclusive hermético. Ao ser entrevistado, ele disse: "Não considero o que escrevo difícil, mas é diferente; é um abandono do romance tradicional". Pessoalmente avesso à publicidade, ele não era de fato conhecido, salvo por aqueles que apreciam a literatura de alta qualidade. Vivia a maior parte do tempo longe dos centros literários, naquela cidade catalã onde era viticultor.

Na ocasião, Vargas Llosa, que já era pretendente ao Nobel, declarou que Claude Simon era "insignificante". Entre nós, Paulo Francis escreveu que o *nouveau roman* era de uma "esterilidade absoluta", que vários outros escritores vivos mereciam o prêmio mais do que Simon, e que "se Alfred Nobel fosse vivo dinamitaria a Academia Sueca". Uma conhecida escritora brasileira, que reclamava o Nobel para Jorge Amado, declarou: "Quem disser que já leu algum livro dele, é mentira". Para responder a esses ataques publiquei um artigo na *Folha de S.Paulo*, lembrando que eu havia publicado vários textos sobre ele e até mesmo orientado uma tese a seu respeito, na USP, em 1976: "Claude Simon: faire en défaisant", de Glória Carneiro do Amaral.

De fato, os jurados do Nobel de literatura cometeram, ao longo dos anos, alguns enganos e omissões. A mais escandalosa, naquele ano, era a omissão de Borges. A atribuição do prêmio se deve geralmente a múltiplos fatores, estéticos e geopolíticos. O problema era que os que reclamavam também misturavam esses critérios. E, pelo menos no caso de Claude Simon, o critério maior parece ter sido o da qualidade literária.

Alguns anos mais tarde, encontrei com ele pela última vez. Eu estava dando aulas em Paris, quando vi o anúncio de uma exposição: "*Vernissage de l'exposition de photographies de Claude Simon. Le jeudi 12 mars 1992, de 18 à 20 heures. Galerie Maeght, 42, Rue du Bac, Paris 7*". O anúncio também dizia que o escritor-fotógrafo estaria presente para autografar o livro de fotos.

No dia e hora anunciados, dirigi-me à famosa galeria. Quando cheguei, já havia muita gente. Comprei o livro e entrei na fila dos autógrafos. Ele havia envelhecido, mas sua fisionomia estava menos tensa do que antes, e os poucos cabelos totalmente brancos amenizavam sua expressão severa. Quando me aproximei, ele arregalou seus olhos intensos que não haviam mudado e disse apenas: "Ah, você está aqui!". Com certeza minha imagem lhe vinha de um passado já distante; mas ele não me esquecera, pois escreveu meu nome, na dedicatória, sem perguntar.

Vários livros de Simon foram traduzidos no Brasil. Seu livro mais conhecido, *A estrada de Flandres*, foi publicado pela Nova Fronteira em 1986. Teve pouquíssima repercussão entre nós. A Nova Fronteira também publicou, no mesmo ano, *As Geórgicas* e, em 2002, *A batalha de Farsália*. Em 2003, saiu *O bonde*, pela editora Sulina. Nos sebos brasileiros, encontra-se qualquer um desses livros a preços irrisórios. Teriam razão Vargas Llosa e Paulo Francis? Não creio. Os grandes livros são pacientes e intemporais. Mais cedo ou mais tarde, eles encontram os leitores que os merecem. Alguns desses leitores criaram uma Association des Lecteurs de Claude Simon, que publica uma revista desde 2005. E as obras completas do autor já estão na prestigiosa Bibliothèque de la Pléiade, disponíveis para os leitores que sabem reconhecer os grandes escritores que, em 1896, o poeta Rubén Darío chamava de "*los raros*".

Albertine, a prisioneira

Não, não é a Albertine de Proust. É outra, que foi escritora e teve uma vida tão breve quanto a personagem proustiana, mas muito mais agitada do que a desta. Não a conheci pessoalmente. Em 1966 e 1967, publiquei dois longos artigos sobre ela no Suplemento Literário e, em função dos textos que lhe enviei, mantivemos uma breve correspondência.

Albertine Sarrazin (1937-1967) nasceu na Argélia, foi entregue por mãe desconhecida à assistência pública e, aos dois anos de idade, um casal francês já idoso a adotou. Estes lhe deram uma educação burguesa, num colégio religioso de Aix-en-Provence, onde se destacou nos estudos, mas logo deu provas de insubmissão, cometendo pequenos delitos. Em 1952, quando estava com quinze anos, o pai adotivo, sem saber como domesticá-la, internou-a numa instituição correcional para jovens, da qual ela fugiu para ir a Paris. Ao chegar na capital, ela se juntou a outros jovens delinquentes e foi presa. Os pais adotivos revogaram a adoção, e ela ficou na cadeia até 1957, quando conseguiu escapar. Ao pular de um muro alto, fraturou o astrágalo, um osso do pé. Tendo se arrastado até uma estrada próxima, foi encontrada por outro marginal, Julien Sarrazin, que a acolheu e protegeu até ser ele mesmo preso, em 1958.

Albertine voltou então a Paris, onde se instalou no submundo da prostituição e do crime. Tornou-se protegida de um cafetão, Maurice Bouvier, que ela chamava de "tio", e amiga de outra delinquente, Lou. Em companhia desta, cometeu um assalto à mão armada e foi novamente encarcerada. Na prisão, escreveu seus primeiros romances, *L'Astragale* e *La Cavale*. Em 1959, casou-se com Julien, que também estava preso. Ambos foram libertados em 1964 e decidiram viver no sul da França, à beira do Mediterrâneo que ela atravessara ao nascer. Ao todo, Albertine tinha passado nove anos na prisão.

Nesse mesmo ano, conseguiu publicar seus dois romances, que tiveram um êxito imediato de vendagem. Esse êxito se devia, primeiramente, a fatores extraliterários: o interesse jornalístico de sua história, o caráter da obra como depoimento sobre um tipo de vida à margem da sociedade. Crescia, naquele momento, a atração do público pelo romance-reportagem. Na verdade, a diferença entre um romance e uma reportagem é bem nítida, e não basta a palavra "romance" na capa do livro para transformar um simples relato de fatos reais em obra artística de ficção. Para que uma matéria vivida se transforme em ficção, é preciso que a realidade tenha sido transmutada, unificada por uma visão particular das coisas, e adquirido um sentido que a simples reportagem não alcança. E os romances de Albertine demonstram a diferença entre esses gêneros narrativos, porque eles prendem o leitor não apenas pelos fatos narrados, mas principalmente pela enunciação da narradora, sem a qual sua obra seria apenas um testemunho. Albertine escreve numa linguagem simples e fluente, usando a gíria dos marginais e dos prisioneiros, mas demonstrando perfeito domínio do idioma culto. A voz que se ouve nessas frases é tão vibrante e franca que empresta vida e dignidade ao que é dito.

O primeiro romance, *L'Astragale*, narra a aventura de sua fuga aos dezenove anos, seu encontro com o futuro marido e outros contatos menos significativos, com ladrões e prostitutas. Apesar de ser um simples relato, nele sentimos a presença de uma forte personalidade. A independência, a tenacidade e a honestidade intelectual dessa fugitiva contumaz exercem sobre o leitor uma sedução que se confirmará com o segundo romance.

La Cavale tem cerca de quinhentas páginas quase vazias de acontecimentos, porque narram a rotina da prisão, dentro da qual os dias são todos semelhantes e o tempo parece percorrer uma órbita circular. Mas que densa experiência humana emerge desse dia a dia incolor! *"Cavale"*, em gíria, significa a fuga da prisão, sonho luminoso, fonte de energia e esperança, tábua de salvação nas águas cinzentas da vida no cárcere. Fugir não é o essencial, e o romance termina sem que a fuga se tenha realizado. O importante, o essencial, é que a prisioneira conserve o sonho da fuga, e cultive a ilusão de que a liberdade está ao seu alcance. A fuga é simbolizada por uma égua fogosa. Enquanto esta se mantiver viva, relinchando e mordendo o freio, Albertine escapará à depressão e ao desespero.

Na leitura de *La Cavale*, o que nos atinge é o pulsar teimoso desse coração engaiolado, a vibração de uma personalidade insubmissa que se faz dócil para sobreviver. Os pequenos fatos da vida na prisão transfiguram-se sob o olhar de Albertine, ganham o sentido e a emoção que ela lhes confere. A visita rotineira do advogado, que na gíria do presídio é chamado de *bavard* (tagarela), torna-se a chegada emocionante de um príncipe libertador. Pouco importa que a princesa esteja vestida com o uniforme da prisão e tenha os olhos pintados com lápis de escrever. O sonho é imprescindível porque ele preenche o vácuo: "Desse impossível, será preciso tirar o possível de cada segundo; a palavra-chave é talvez: fabricar uma existência".

A dimensão universal da experiência de Albertine reside nessa afirmação da vida. Diante de qualquer circunstância difícil, seja ela a prisão, a guerra ou simplesmente a infelicidade, o ser humano tem essa capacidade de resistir, de teimar, de sonhar e recriar a própria existência a partir do nada. Para a maioria dos presidiários, a vida na cadeia nada traz como experiência positiva. Pelo contrário, acentua uma série de comportamentos viciosos, fermenta a revolta contra a sociedade e, se algumas vezes consegue recolocar o indivíduo no "caminho do bem", isso só ocorre por uma espécie de reflexo condicionado que nele se cria: não praticar tal ato porque ele é sempre seguido de dor.

Entretanto, para alguém com a inteligência e a sensibilidade de Albertine, a experiência da prisão não é uma punição ou uma correção, pois ela jamais se considerou culpada ou sentiu algum remorso. Sua experiência é próxima de uma vivência mística, como a de um eremita num deserto. Sua aprendizagem no cárcere não é a do bom comportamento segundo as leis. É uma experiência do contato com o outro (as outras prisioneiras), do mundo concreto (encarnado em alguns objetos), e sobretudo dela mesma: "Desfolhar as horas, contanto que elas morram logo, e que de seu montículo morto, dessa vida de infusão nos limites elementares de mim, eu me levante enfim, até a ressurreição".

Uma faca, uma panela, uma pinça feita com um fundo de lata ou um fogareiro improvisado são transfigurados sob seu olhar, como os objetos pintados por um grande pintor: a cadeira de Van Gogh que já não é uma cadeira, mas *a* cadeira; os objetos de Morandi, solenes como restos encontrados numa escavação, garrafas com uma eternidade de colunas, copos com profundidade de poços. Da mesma forma, os atos cotidianos se transformam em rituais. Praticados com vagar e concentração, eles exorcizam, afastam o perigo da inação mortal, mantêm a chama da vida: "Um nescafé, um cigarro, e tudo bem por hoje".

A natureza, quase inexistente dentro dos muros de cimento, valoriza-se aos olhos da prisioneira. A fauna é representada pelos camundongos das celas e pelos passarinhos que fazem seu ninho na janela gradeada. No pátio, a grama rala constitui toda a flora da prisão. Em seus breves passeios, Albertine cheira uma folhinha de grama e procura com afinco alguma flor rasteira que ali tenha nascido por engano. O sol, que ela parece querer sugar nos breves momentos em que o vê, as copas das árvores distantes, tudo o que é da natureza se torna então precioso.

Para algumas prisioneiras, a experiência do próprio corpo acaba por ser obsessiva: uma constipação, por exemplo, é um bom divertimento. Albertine, porém, nunca se deixa absorver pelas funções corporais, nem teme os acidentes que uma fuga poderia causar-lhe. Ela só se preocupa com manter a beleza — dos cabelos, dos olhos —, não por uma vaidade gratuita, mas como um modo de se sentir viva e digna do amor de Julien.

O modo de encarar os outros também se transforma na prisão. Os prisioneiros constituem uma humanidade particular, mais ou menos neurótica e, de qualquer forma, marginal. Por sua educação formal de nível médio (segundo grau), Albertine se encontra muito acima do nível cultural da maioria das presas, e essa é a primeira causa de sua solidão. O lugar ocupado por ela entre as detentas — o de escriba — é visto com certo respeito, mas também com desconfiança.

A prisão tende a acentuar os defeitos morais: o egoísmo, o gosto da intriga, da lisonja, da delação. Albertine pode incorrer no primeiro defeito, porque se isola, mas jamais nos outros. Em nenhum momento ela se deixa levar por uma atitude menos digna; sua solidão não é pretexto para o abandono, mas é presença diante de si mesma. Em determinado momento, por exemplo, ela se sente tentada a olhar pelo buraco da fechadura, mas logo se domina, dizendo a si mesma: "Cuidado, minha filha, você vai baixar sua autoestima".

A experiência mais importante de sua vida de prisioneira é justamente a do autoconhecimento: "A imensa questão absurda e doce de minha existência". Ela também aprende a amar melhor. No tempo racionado dos encontros com o marido, cada gesto, cada palavra tem seu peso, e é preciso usá-los com exatidão, para que nenhuma nuvem venha a toldar o céu de seus sentimentos, e se transforme numa tempestade nas longas horas de solidão e silêncio.

Entretanto, a prisão não a "corrigiu" adequando-a à sociedade, simplesmente porque ela nunca sentiu culpa. O sofrimento do castigo não corresponde a nada dentro dela, é vivido como gratuito e imerecido. Nas sessões de julgamento, quando os advogados falam de seus roubos e as vítimas se queixam, parece-lhe estar ouvindo coisas alheias, e as reprimendas do juiz dão-lhe um sono irresistível. Diz ela: "Como o princípio de expiação não tem para mim nenhum valor, parece que deverei continuar pagando enquanto eu não admitir... isto é, por muito tempo ainda".

O terceiro livro da autora, *La Traversière* (1966), narra sua vida após a libertação. Finalmente, essa libertação não foi obra da Justiça, mas dela mesma, que soube tirar da vida na cadeia uma experiência positiva, e sobretudo por ter se tornado escritora. Instalada com o marido nos arredores de Montpellier, ela experimenta um breve período de notoriedade. Só então sente ânimo para relembrar sua infância e falar dos pais adotivos, com tolerância e mesmo com compaixão.

A questão mais importante de *La Traversière* é a da reconquista da liberdade. Suas experiências fora da prisão lhe mostram que estar livre não é apenas estar de novo na sociedade. Como caixeira de um supermercado, amarrada a horários rígidos e a um trabalho sem interesse, com dificuldades financeiras e tendo de enfrentar os traumas de sua infância, Albertine ainda se sente prisioneira. A verdadeira porta de saída será a literatura, os romances que lhe permitirão descarregar-se de seu passado e afirmar-se na sociedade. Só ao publicar seu primeiro livro, ela se sentirá merecedora da liberdade. Uma frase sua diz tudo: "Ando de cabeça tão erguida que até tenho câimbras".

Entre 1966 e 1967, em resposta aos meus artigos, recebi dela duas cartas. Na primeira, datada de novembro de 1966, ela me dizia:

> Agradeço-lhe, menos pelo longo artigo do que por sua qualidade, pelo modo como você pegou o que eu queria traduzir. Recebi quase mil artigos de imprensa, mas só guardei um pequeno punhado, aqueles que falam de um livro, de uma experiência interna, e não apenas de uma autora internada, com um passado mais ou menos picante para os amadores do anticonvencional. Tentei, de fato, salvar pelo estilo a pobreza do contexto, arrancar alguns nadas ao grande Nada que é a prisão.

E anunciava a próxima publicação de seu terceiro romance por um prestigiado editor parisiense, J.-J. Pauvert:

> Intitula-se *La Traversière*, e ainda é autobiográfico (falta-me imaginação, mas não me falta passado). Vai certamente provocar algum agito... Espero os ataques com serenidade, não me importo. Sei que haverá sempre no mundo pessoas como você, suscetíveis de descascar a ganga da linguagem e da apresentação para atingir uma verdade nua que eu, sem vergonha mas também sem arrogância, me obstino a reivindicar.

Sua segunda e última carta, datada de 9 de julho de 1967, me deu um susto. Eu tinha sabido de seu falecimento pela imprensa, e fiquei penalizada. Alguns dias depois, ao chegar em casa, encontrei um envelope com o nome da remetente: Albertine Sarrazin.

Na carta, escrita na véspera de seu internamento, ela me dizia: "Pela terceira vez em seis meses, estarei amanhã sobre a mesa de bilhar: em janeiro, um enxerto no astrágalo, em junho, apêndice e salpinge, e amanhã, o rim direito. Neste domingo, estou pondo em dia minha correspondência, pois amanhã... terei de ficar sem minha bic por um momento".

Soube-se, depois, que ela foi vítima de descuido na clínica de Montpellier em que foi operada. Ela estava muito magra, fragilizada pelos anos de prisão e pelas cirurgias anteriores. Esses fatores de risco não foram levados em conta na anestesia. Ela teve uma parada cardíaca na mesa de operação, e para piorar as coisas o hospital não tinha sangue disponível para reanimá-la. Mais tarde, Julien Sarrazin processou a clínica e teve ganho de causa.

A escritora morreu com 29 anos. Fico me perguntando: se ela tivesse sobrevivido, teria escrito novas obras? Obras ainda melhores, ou não? Na verdade, acho que Albertine disse tudo o que tinha para dizer, escreveu tudo o que tinha para escrever. Agora, depois de algumas décadas de relativo esquecimento, ela tem sido reeditada e homenageada em filmes e espetáculos teatrais. Desde a sua morte, muitos universitários lhe dedicaram teses. Eu mesma orientei uma delas, na USP: "Albertine Sarrazin: au fil du texte", de Philippe Willemart.

O astrágalo, tradução brasileira de *L'Astragale*, foi publicada pela Nova Fronteira em 1967. A tradução em inglês desse romance foi reeditada pela New Directions em 2013, com um prefácio de Patti Smith. A famosa escritora e compositora americana conta como encontrou o romance numa banca de saldos, em 1968. Ela só tinha um dólar para comer, mas foi atraída pelo livro, que custava 99 cents, e resolveu jejuar para comprá-lo. O romance tornou-se então, segundo ela, seu *"guide book"*. E Patti Smith acrescenta: "Eu me pergunto se, sem ela, eu teria me tornado o que sou". Isso diz tudo sobre a força indomável de Albertine.

Baseados na vida e na obra de Albertine Sarrazin, foram feitos alguns filmes: *L'Astragale*, realizado por Guy Casaril em 1968; *La Cavale*, dirigido por Michel Mitrani em 1971; um documentário, realizado por Sandrine Dumarais em 2004; e em 2016, um filme distribuído internacionalmente, *L'Astragale*, dirigido por Brigitte Sy. Os filmes podem narrar a vida dessa prisioneira, mas não conseguem recuperar a qualidade de sua escrita.

Tzvetan Todorov, o humanista que veio do frio

Em dezembro de 1968, viajei para Paris como pesquisadora com uma bolsa do governo francês. Hospedei-me no casarão da Aliança Francesa, no Boulevard Raspail, munida dos numerosos endereços de escritores e intelectuais que eu havia acumulado em uma década de jornalismo cultural e de relações diversas. Uma dessas relações, que se havia estreitado naquele ano em São Paulo, seria especialmente fértil em resultados intelectuais e pessoais: com o poeta Haroldo de Campos. Em sua incansável batalha pela poesia e pela tradução, Haroldo havia constituído (bem antes da web!) uma impressionante rede de contatos internacionais. Um dos endereços que ele me deu foi o de Tzvetan Todorov.

Tzvetan Todorov (1939-2017) nasceu em Sófia, Bulgária, numa família de intelectuais. Seu pai era um bibliógrafo e professor universitário, sua mãe era bibliotecária e seu irmão mais novo se tornaria um físico reconhecido internacionalmente. Depois de concluir sua graduação na Universidade de Sófia, em 1963, Tzvetan ganhou uma bolsa e partiu para Paris, onde se radicaria para sempre. Segundo ele mesmo me contou, aí viveu o primeiro ano completamente dedicado aos estudos, a ponto de passar semanas sem trocar uma só palavra com outra pessoa. Inscreveu-se num programa de doutorado sob a orientação de Roland Barthes.

Tzvetan instalou-se em Paris no momento certo. Crescia então o interesse pela linguística, que assumiria o papel de "ciência-piloto" das ciências sociais, preparando o movimento estruturalista e a semiologia, dos quais Barthes seria um expoente. Surgia concomitantemente a curiosidade acerca dos precursores dessas ciências: o linguista suíço Saussure e os representantes do formalismo russo, movimento que havia florescido e sido abafado logo depois da revolução comunista. Graças à sua formação teórica num país da União Soviética e seu domínio da língua russa, Tzvetan era uma fonte preciosa para os estruturalistas franceses, principalmente depois da publicação de sua tese *Littérature et signification*, em 1966, e da tradução, em 1967, de uma coletânea de ensaios dos formalistas russos intitulada *Théorie de la littérature*, com um prefácio de Roman Jakobson. Assim como sua compatriota Julia Kristeva, que também emigrou para Paris um pouco depois dele, Tzvetan tornou-se então uma das estrelas intelectuais daquela fase fértil da teoria literária, que mais tarde seria conhecida e cultivada nos Estados Unidos sob o nome de *French theory*.

Quando me encontrei pela primeira vez com Tzvetan, em dezembro de 1968, ele já era conhecido em Paris e não tinha escapado ao radar de Haroldo de Campos, admirador entusiasta de Roman Jakobson e dos formalistas russos. Mas aquele rapaz magricela, de grande cabeleira crespa, que chegou de bicicleta para me encontrar na porta da Alliance Française, parecia mais um roqueiro do que um intelectual. Era impossível não simpatizar com ele. Tinha olhos claros muito atentos e um sorriso enorme no rosto, precocemente vincado pelos parênteses de duas rugas laterais. Seu sotaque eslavo era delicioso, com erres suaves e ritmo lento.

Mais tarde, quando a amizade de ambos se firmou, Haroldo se referia a ele como "o Floripôndio", porque o prenome Tzvetan tinha a mesma raiz da palavra russa para "flor" (*tsvetok*) e porque ele era muito calmo e ponderado. Numa carta de 1973, quando eu estava residindo em Paris, Haroldo me dizia:

> Salve pelas notícias da doceamarga Lutécia, sempre a mesma venimosa, varicosa, vorticosa, voluptuosa (vulgivagosa, diria Bandeira)... A imagem de Tzvetan que, não sei por quê, sempre associo à de um Hamlet retemperado pela depuração do humor negro em ironia amável — não prince amer de l'écueil, mas primicier aigredoux de la scolie — me é sempre cara, e evocá-la me dá um prazer grande, que nem sempre (ou dificilmente) encontro nos contatos intelectuais.

Em outras cartas, Haroldo chamava Tzvetan de "o Púcaro Búlgaro", e a bela Julia Kristeva de "a Pulcra Búlgara".

Naquele primeiro encontro, Tzvetan e eu conversamos sobre muitas coisas, principalmente sobre o projeto já articulado por Haroldo e Boris Schnaiderman de trazê-lo ao Brasil. O que acabou se concretizando em 1969, graças ao convite do curso de francês da USP e ao apoio do consulado da França. A turnê de Todorov no Brasil, que se estendeu de São Paulo ao Rio de Janeiro, foi um grande sucesso universitário. O estruturalismo estava chegando por aqui e muitos queriam ouvi-lo.

O Brasil estava vivendo uma fase tenebrosa, logo após o ato institucional nº 5. Mas a gente "ia levando", como na canção de Chico Buarque, Caetano Veloso e Tom Jobim. Todorov perguntou-me as razões do golpe militar e eu lhe disse que, segundo os golpistas, tinha ocorrido "para salvar o país do caos do comunismo". Ao que ele me respondeu, espantado: "Mas o comunismo não é o caos, é a ordem, uma ordem terrível!". Vindo da Bulgária, onde o comunismo foi particularmente policialesco, ele falava com conhecimento de causa. Seu pai perdera o cargo universitário por contratar pessoas que não eram membros do Partido. Ele sempre foi discreto com relação à política, sobretudo na França, cuja intelectualidade era majoritariamente marxista.

Conversamos muito durante sua estada em São Paulo, e ele me confidenciou que seu ideal de vida era tornar-se um erudito como os historiadores que sabem tudo sobre um pequeno período da Idade Média. Também me disse que queria ter uma família grande, com muitos filhos. De São Paulo, fomos juntos ao Rio, onde os colegas de letras o receberam calorosa e festivamente. Fomos a um show do Simonal no Canecão, ele foi levado a uma escola de samba, onde dançou com uma passista. E um jornalista que não sabia o que lhe perguntar saiu com esta: "O que você acha da Brigitte Bardot?". Ao que ele respondeu, bem-humorado: "Sonho com ela!".

Ainda em 1969, traduzi e apresentei um livro seu para a editora Perspectiva: *As estruturas narrativas*. Desde então, nosso contato foi constante, por cartas ou quando eu ia a Paris. Em 1973, Tzvetan, sua namorada, a antropóloga Martine van Woerkens, e eu fomos juntos ao Marrocos, para visitar um amigo comum, Jean Galard, que era adido cultural e residia em Marrakech. Dali, excursionamos pelo país, das montanhas da cordilheira do Atlas às praias atlânticas.

No aniversário de Tzvetan, em março de 1974, convidei-o com outros amigos para uma feijoada noturna em meu apartamento da Rue de la Glacière. Os convidados eram Roland Barthes, Gilles Lapouge, Philippe Sollers, Julia Kristeva, além de Tzvetan e Martine. Comprei os ingredientes na feirinha de alimentos exóticos da Rue Mouffetard, pois feijão-preto, farinha de mandioca e até mesmo couve portuguesa não eram vendidos comumente. Não tendo encontrado limão verde para a caipirinha, fiz uma batida de maracujá. E, como os franceses não concebem jantar sem vinho, comprei um vinho tinto que não devia ser de alta qualidade, pois meus recursos de bolsista da Fapesp eram escassos. Imprudência de uma anfitriã ainda jovem: feijoada à noite com batida de pinga e vinho tinto, receita pesada num apartamento pequeno e pouco mobiliado. Quem me ajudou a fazer a feijoada foi uma simpática diarista portuguesa, a Florinda, que era prima do Almada Negreiros. Estranhas relações geográfico-literárias.

O primeiro a chegar foi Barthes, com uma boina e um cachecol. Sentou-se numa de minhas cadeirinhas de palha e lá ficou, silencioso e sorridente. Os outros foram chegando aos poucos. Servi a batida de maracujá e todos disseram que era deliciosa, inclusive Barthes, que declarou mais tarde, em seu livro *Roland Barthes por Roland Barthes*, não gostar de frutas tropicais. A conversa teve um início tranquilo, mas aos poucos Sollers e Todorov começaram a se desentender. Eles dirigiam revistas rivais, na editora Seuil: *Tel Quel* e *Poétique*. Os dois foram ficando exaltados e Gilles Lapouge, com a habilidade que tinha como apresentador de programa de televisão, conseguiu acalmá-los.

Segunda imprudência da anfitriã: convidar juntas celebridades rivais. Pouco depois, Todorov e Kristeva se isolaram num canto e ficaram conversando em búlgaro. Nessa época, Julia era lindíssima. Martine ficou enciumada e, embora minha amiga, descontou em mim e disse: "As laranjas são a melhor coisa desse jantar". Lembrei-me de ter lido que, nos anos modernistas, Villa-Lobos esbofeteou um francês que qualificou a feijoada de "*merde*". Minha *soirée* beirava o desastre. Felizmente, acabou bem. Barthes estava feliz e, que eu saiba, ninguém teve indigestão.

Em agosto de 1974, Tzvetan, Martine e eu fomos de carro até a região da Corrèze, visitar outro amigo comum, o já citado Albert Audubert, que nos proporcionou extraordinárias experiências gastronômicas. Tzvetan, que era magrinho mas guloso, maravilhou-se com a despensa da casa familiar, na qual se acumulavam potes de vidro com *foie gras, canards confits*, trufas e cogumelos de várias espécies. No mesmo ano, fui convidada a publicar meu primeiro artigo na revista *Poétique*, criada por ele com colaboração de Gérard Genette. Naquele momento, Tzvetan e Martine estavam empenhados em adotar uma criança. Escolheram um menino tunisiano ao qual deram o nome de Boris Todorov. Quando Boris foi para a escola, perguntou ao pai: "Por que os outros meninos não têm nomes normais?". O pai retrucou: "O que são nomes normais?". O menino respondeu: "Tzvetan... Boris...".

No final dos anos 1970, Todorov abandonou as análises literárias e publicou obras de temática mais geral, sobre linguagem e retórica. Seus melhores livros dessa fase estão traduzidos no Brasil: *Teoria dos símbolos* e *Os gêneros do discurso*, obras densas de erudição e claras na formulação. Em 1980, quando passei um ano na Universidade Yale, reencontrei Tzvetan, que já era um respeitado conferencista convidado pelas principais universidades americanas. Ele tinha se separado de Martine e ficado com Boris, ao qual era extremamente ligado. Estava um pouco triste com a situação, mas dedicou-se com amor à tarefa de pai. Nosso encontro nos Estados Unidos foi muito proveitoso para mim, porque ele me deu preciosos conselhos relativos à continuação de minha pesquisa sobre os "críticos-escritores", que tivera como ponto de partida um artigo meu publicado em *Poétique*, num número especial sobre a intertextualidade. Seu parecer sobre meu projeto me foi enviado numa longa carta escrita em Nova York, um texto de erudição e de afeto.

Pouco tempo depois, Tzvetan casou-se em Paris com a romancista canadense Nancy Huston. A partir de então, estive menos vezes com ele, embora continuássemos a nos corresponder. Com Nancy, ele teria mais dois filhos. Em 1982, após uma temporada no México, onde esteve em contato com Octavio Paz, publicou *La Conquête de l'Amérique: La Question de l'autre*, que foi traduzido no Brasil como *A conquista da América: A questão do outro* por minha filha Beatriz.

A questão da alteridade, que ele experimentara como estrangeiro na França, passou a ser seu tema preferido. Aos poucos, foi deixando de lado as questões literárias. Depois de muitos livros, Todorov mudou de rumo, com várias obras sobre problemas da sociedade ocidental, como o totalitarismo, a democracia, o racismo e a xenofobia. Receberia então a qualificação de "culturalista". Até que, em 2007, surpreendeu seus leitores com *La Littérature en danger*, livro no qual condenava o formalismo no ensino literário e privilegiava a experiência existencial.

Em 2012, por ocasião da publicação de seu livro *Os inimigos íntimos da democracia* pela Companhia das Letras, ele veio novamente a São Paulo e o editor Luiz Schwarcz me convidou para um almoço com ele e alguns jovens editores. Tzvetan continuava igual, afora os cabelos inteiramente brancos e as rugas do rosto mais fundas. Ficamos emocionados com o reencontro e um pouco retraídos, porque a conversa se desenvolvia em inglês e era um tanto estranho comunicar-nos em outra língua que não o francês.

Combinamos então nos encontrar em seu hotel, naquela tarde. Levei-o a um café da praça Buenos Aires e não falamos de literatura; falamos de nossas famílias e filhos. Nossa amizade estava intacta. Em 2017, jornais do mundo inteiro registraram seu falecimento, que me deixou muito triste. Foi enterrado na província de Berry, onde possuía uma casa de campo na qual passava longas temporadas. Tzvetan tinha realizado seus dois desejos: foi um grande erudito e pesquisador (não da Idade Média), teve filhos e netos. Publicou mais de quarenta livros, que foram traduzidos em vinte e cinco línguas. Não pretendia ser uma estrela internacional, mas o foi, por seus livros e conferências, sábios e generosos.

Numa entrevista de 2010, à revista *Les Inrockuptibles*, ele disse:

O humanismo não é um programa de partido, é antes uma concepção do ser humano e um conjunto de princípios éticos e políticos. O humanismo constata o pertencimento de todos os homens à mesma espécie e exige a mesma dignidade para todos. Ele favorece a expressão da vontade: da sociedade, pela soberania do povo; do indivíduo, na esfera privada. Ele dá à ação humana objetivos puramente humanos. No topo de seus valores, o humanismo coloca o amor, pois cada um de nós necessita dos outros, que detêm a chave de nossa felicidade. Atualmente, uma atitude humanista consiste em se opor a todas as formas de discriminação e em renunciar às ilusões alimentadas por diferentes utopias (não prega a revolução, nem promete o acesso ao paraíso). Ela nos incita a não esquecer que o tribunal, o hospital e a escola devem estar a serviço dos seres humanos, e não o inverso. Ela combate a redução dos indivíduos a engrenagens de um sistema econômico considerado eficaz: se o preço da performance é o suicídio de uma parte dos empregados, o assédio moral, a destruição da vida privada, ela exige nossa oposição. Nós podemos: o próprio de nossa espécie, dizia Rousseau, é poder concordar ou resistir.

Viajando com Haroldo de Campos

Janeiro de 1970. Paris ainda era uma festa estruturalista. Todos os dias havia um seminário em que se podiam ouvir novas teorias: Barthes, Lacan, Kristeva, Derrida e outros. Quando não ia a um seminário, eu ficava na velha Bibliothèque Nationale pesquisando para minha tese de doutorado sobre Lautréamont.

Eu estava hospedada num grande apartamento na Place Jussieu, cedido aos amigos pela mulher do linguista Nicolas Ruwet, que era antropóloga e se encontrava na África. Foi Tzvetan Todorov quem me ofereceu esse quarto, normalmente ocupado por sua namorada, Martine. O apartamento estava sempre cheio de hóspedes transitórios, todos frequentadores dos tais seminários. A chave do apartamento — grande, antiga — ficava debaixo do capacho, e nenhum quarto era fechado. Uma noite, um dos hóspedes me convidou para uma "viagem" na banheira. Careta, agradeci e declinei. No dia seguinte, tive medo de entrar no banheiro e encontrá-lo morto. Mas, antes disso, ele entrou em meu quarto bem vivo, vestindo apenas uma cuequinha vermelha e perguntou-me se eu queria um chá. Fomos para a sala, tomamos chá e ele me convidou para ir ao seminário de Lacan. Esse era o clima.

Outra noite, voltando bem tarde de um jantar na casa de Gilles Lapouge e carregando uma pilha de jornais *O Estado de S. Paulo* que ele me dera, não encontrei a chave no lugar de sempre. Toquei a campainha, ninguém atendeu. Desisti, desci as escadas e me dirigi a um hotelzinho da praça. Pedi um quarto. O porteiro do hotel olhou desconfiado para minha estranha bagagem e me disse: "Muito bem. Mas a senhora me paga adiantado".

No dia seguinte, voltei ao apartamento, novamente aberto e com outros hóspedes. Tudo estava normal e eu já começava a pensar no programa do dia quando recebi um telefonema de meu amigo Haroldo de Campos (1929-2003). Ele acabara de chegar a Paris. Não me lembro por que, em vez de ir diretamente para seu hotel habitual, o Hôtel du Levant, na Rue de la Harpe (habitual também para Glauber Rocha, Osman Lins e outros brasileiros), Haroldo foi primeiro, com sua mala, ao apartamento da Place Jussieu. Cheio de livros, novidades, planos e risadas. Ele viajara sozinho, daquela vez sua mulher Carmen não tinha ido com ele. Saímos para almoçar, e Haroldo deixou a mala em meu quarto. Contou-me, então, que estava seguindo para a Itália e depois para a Inglaterra, onde numerosos amigos o esperavam. Seria um giro de duas semanas. Perguntou-me se eu queria ir com ele. Disse logo que sim.

Depois do almoço, voltamos ao apartamento. Quando Haroldo foi pegar sua mala, viu que ela fora aberta e — escândalo! — alguém furtara uma garrafa de uísque doze anos que ele tinha comprado no aeroporto. Quem teria sido? Informei que, no quarto ao lado, estava hospedado o filho do linguista e antropólogo americano Edward Sapir. Haroldo exclamou: "Maldito Sapinho, roubou meu uísque!".

Como meu vizinho estava ausente, Haroldo vasculhou o quarto dele. Não encontrou seu uísque, mas achou uma garrafa de bourbon, da qual se apoderou como compensação. (Nunca soubemos se foi mesmo o Sapinho que surrupiou seu uísque, mas, naquela casa e naqueles tempos, isso não tinha a menor importância.) O que Haroldo queria, mais do que a bebida, era carregar no bolso uma garrafinha envolta numa *brown bag*, "em homenagem a Bukowski". Fantasias underground de um poeta que era, na vida cotidiana, respeitável advogado e bom pai de família.

Dois dias depois, Haroldo já tinha entrado em contato com vários amigos parisienses e eu já havia comprado meu bilhete para acompanhá-lo em sua turnê. Pegamos o avião no aeroporto de Orly. Deveríamos chegar a Milão no meio da tarde e, à noite, iríamos a uma festa previamente agendada. Em pleno inverno, fazia muito frio e o céu estava cinza chumbo. Haroldo vestia um grosso sobretudo marrom com cachecol, eu estava com um casaco tipo camurça, verde-musgo com gola de pele da mesma cor, e botas pretas até o joelho. (Logo veremos por que essas informações importam.) Os casacos, naquele tempo, eram quadrados e curtos, o que não afetava muito os homens, mas que custava a nós mulheres, com nossas saias curtas, queimaduras de frio nos joelhos. (Às vezes, os casacos femininos eram compridos, mas sempre abertos sobre saias míni, o que dava no mesmo quanto ao frio nos joelhos.)

Quando o avião se aproximava de Milão, a tripulação anunciou que não podíamos aterrissar devido ao *buio*, aquela névoa espessa de frio e poluição que cobre frequentemente a cidade no inverno. Íamos descer em Gênova e, de lá, um ônibus nos levaria a Milão. Em Gênova, havia nevado, e tivemos de chafurdar na lama. Quando entramos no ônibus, com os outros passageiros, o dia já ia avançado. Haroldo se sentou num banco atrás do meu.

Com o calorzinho ambiente, fiquei com sono. Meio adormecida, ouvi Haroldo conversando animadamente com seu companheiro de banco, em francês. Mais um cochilo, e ouvi a conversa prosseguindo em alemão. Outro cochilo, e a conversa já era em português. Que Haroldo era poliglota não era novidade, mas aquelas mudanças de língua me intrigaram. Soube, depois, que o homem louro ao lado dele era um "alemão de Santa Catarina". Fosse ele um lapão da Finlândia, a conversa seria igualmente animada. Haroldo, conversador internacional, logo lhe estaria falando de Ezra Pound, trovadores provençais e ideogramas.

Ao cair da noite, chegamos finalmente a Milão. Tomamos um táxi e fomos para a casa de Andrea Bonomi, onde ficaríamos hospedados. Era um daqueles imponentes edifícios antigos, com janelas altas dando diretamente para a rua. Andrea, a mulher e um filho pequeno moravam no segundo andar, mas tinham um estúdio no alto do prédio, onde recebiam amigos de passagem. Filósofo e matemático, Andrea tinha sempre um ar contrariado e resmungava repetidamente "*Porca madonna!*". Logo percebi que ele era, como sua mulher, uma pessoa muito amável, e que aquele ar aborrecido encobria um grande senso de humor. No momento de nossa chegada, a contrariedade de Bonomi se devia ao fato de que já estávamos atrasados para a tal festa. Não haveria tempo para Haroldo e eu trocarmos de roupa.

Tudo bem, lá fomos nós no carro de Andrea, com nossos sobretudos amassados e nossas botas sujas. A festa era em homenagem a Haroldo, na casa do editor Giangiacomo Feltrinelli, que não se encontrava. Mais precisamente, ele estava na prisão, porque pertencia às *brigade rosse* e havia participado de um atentado a bomba numa torre de televisão. As portas se abriram e nos vimos num *palazzo* luxuosíssimo, cheio de gente. Os vastos salões tinham mobiliário antigo e, nas paredes, havia enormes quadros dos séculos XVI e XVII. Os homens vestiam smoking e as mulheres, vestidos longos e brilhantes. Tive a impressão de que todos eram magros, altos e elegantes, mas talvez fosse só por contraste com Haroldo e comigo.

"*Maestro de Campos! Maestro de Campos!*", gritava a loura Signora Feltrinelli, dando-nos as boas-vindas. Indicaram a Haroldo uma cadeira que era uma espécie de trono e cercaram-no de atenções e perguntas: "*Cosa pensa lei di...? E cosa stà scrivendo?*". Puseram uma música de fundo, era "Irene" de Caetano Veloso, certamente em nossa homenagem. Enquanto Irene ria, sentei-me discretamente num sofá, tentando esconder minhas botas sujas. Logo veio alguém me propondo "*una grappa*". Pouco instruída em bebidas alcoólicas e querendo ser gentil, aceitei. A *grappa* era fortíssima, quase engasguei. (Mais tarde, Haroldo me disse que o mais grave é que tomei aquela e aceitei mais uma dose.)

Uma senhora chiquérrima sentou-se ao meu lado, no sofá, e puxou conversa: "*Signora de Campos...*". Eu ia desfazer o engano, mas ela prosseguiu a conversa e eu continuei bebericando. A certa altura, ela me perguntou: "*Avete figli?*". Como era demais, para meu italiano, explicar a ela que Haroldo tinha um filho, e eu, duas filhas, respondi simplesmente: "*Sì, ma non siamo sposati*". A italiana tomou um ar muito compreensivo, e pôs-se a consolar-me, dizendo que hoje em dia era muito comum ter filhos sem ser casado, que isso não tinha importância e eu não devia me preocupar. Achei melhor não explicar mais nada.

Enquanto isso, Andrea conversava com um senhor tristonho. Pouco amigo de festanças, nosso amigo nos havia dito que iria conosco só porque sabia que poderia encontrar, na casa dos Feltrinelli, um excelente poeta que desejava conhecer. Pensei: Andrea encontrou o poeta. Que nada. Pouco depois, Andrea se desvencilhou do senhor tristonho e veio dizer: "*Pensavo che era il poeta, ma era soltanto un cornuto!*". Na longa conversa que tiveram, aquele senhor lhe contara detalhes de suas desventuras matrimoniais. Em suma, Haroldo fez muito sucesso na festa, e a falsa Signora de Campos sentiu-se inserida, de repente, num filme italiano.

Na manhã seguinte, o filme continuou, sempre italiano. Às sete da matina, ainda meio tonta devido à *grappa* da véspera, ouvi uma gritaria no prédio. Vozes femininas altíssimas clamavam em todos os andares. Pensando que talvez o prédio estivesse em chamas, fui até a janela para checar. Era apenas a partida das crianças para a escola, estas na calçada e as mães às janelas, gritando perguntas e recomendações. Um moleque mais levado respondia com um gesto obsceno e dizia: "*Cullo, mamma!*". Normal. Fechei a janela e voltei para a cama.

À noite, fomos jantar na casa de Umberto Eco (1932-2016). Haroldo e ele já eram velhos conhecidos, devido à quase coincidência temporal da criação, por ambos, do conceito de "obra aberta". Na verdade, Haroldo cunhou a expressão três anos antes de Eco, o que foi reconhecido pelo ensaísta italiano. Eco nos recebeu, exuberante como sempre, e nos apresentou à sua bela mulher alemã. À mesa, Eco contou que estava voltando da Alemanha, onde fizera uma conferência. Haroldo perguntou em que língua. Eco respondeu: "Em alemão, claro". Mas a esposa comentou, baixinho: "Ele não fala nenhuma palavra (*nessuna parola*) de alemão!". Mudamos de assunto.

Às tantas, falamos de semiologia, a nova ciência dos signos que nos fascinava a todos no momento. Eco disse que o maior problema semiológico era o do "referente", já que este nunca está presente na linguagem. Em seguida, o semiólogo desapareceu. Estava embaixo da mesa. Interrogado pela mulher sobre a razão disso, Eco respondeu, lá de baixo: "Estou procurando o referente!". Convém lembrar, aqui, que Umberto Eco foi muito mais do que o brincalhão de que falo nesse episódio. Como se sabe, foi um notável medievalista, além de ensaísta brilhante e, posteriormente, romancista de sucesso.

De Milão, Haroldo e eu rumamos para Roma. Hospedamo-nos numa *pensione* muito simpática na zona central da cidade, onde nos deram dois quartos com uma porta de comunicação. O gerente da pensão ficou com nossos passaportes que, na época, informavam o estado civil e a profissão dos titulares. Quando descemos para o café da manhã, o gerente nos acolheu com um olhar malicioso, dizendo: "*Buongiorno avvocato! Buongiorno professoressa!*". Ele queria mostrar que sabia tudo de nós, e que não acreditava naquela história de quartos separados. Apesar das mudanças comportamentais que ocorriam naquele exato momento, havia ainda muitos resíduos de convencionalismo na Europa, sobretudo na Itália.

Eu já havia acompanhado Haroldo em outra passagem por Paris, em companhia de sua mulher Carmen e seu filho Ivan. Já conhecia, portanto, as regras. Quem as ditava era, evidentemente, Haroldo. Era ele quem marcava os encontros, escolhia as exposições, os cafés, restaurantes e lojas. Estas eram exclusivamente livrarias, onde passávamos horas (sobretudo na Librairie Internationale do Boulevard Saint-Germain, hoje desaparecida). A paciência de Carmen era prodigiosa. Quando ela e eu queríamos ver alguma coisa numa loja qualquer, Haroldo nos dava uns dez minutos de prazo, e lá íamos de novo para outra livraria.

Em Roma, não foi diferente. Percorremos livrarias e num domingo ensolarado, depois de visitar o belo museu Villa Giulia de arte etrusca, Haroldo e eu fomos almoçar na casa de Murilo Mendes (1901-1975), que ali vivia e onde, posteriormente, morreria. A casa era tão elegante quanto seus donos, o poeta e sua mulher Maria da Saudade Cortesão, filha do grande historiador e filólogo português Jaime Cortesão. Os dois poetas manifestavam grande estima recíproca. Amigo de vários dos grandes artistas do século XX, o poeta mineiro transformara sua casa num verdadeiro centro de arte, com um acervo riquíssimo que hoje se encontra no Museu de Arte Murilo Mendes, em Juiz de Fora. Nesse almoço, estava também presente a professora Luciana Stegagno-Picchio, especialista em literaturas lusófonas, amiga e tradutora de Murilo Mendes, à qual dedicarei mais adiante um capítulo.

De Roma, partimos para o destino principal da viagem, Londres. Ao comprarmos o bilhete de avião, Haroldo sugeriu que escolhêssemos uma companhia bem exótica, de um país que nunca tínhamos visitado. Escolhemos a Sudan Airlines. Quando entramos no avião, vimos que ele estava vazio. Sentamo-nos, apertamos os cintos e Haroldo começou a observar as lindas aeromoças negras: "Olhe, elas estão vestidas de verde e amarelo e requebram como brasileiras!".

Depois de alguns minutos, um pequeno grupo de passageiros entrou no avião. Era um senhor idoso vestido à moda islâmica, todo de branco, com um capuz que quase lhe encobria o rosto, e quatro robustos guarda-costas de terno, gravata e óculos escuros. O avião levantou voo com seus escassos passageiros e Haroldo perdeu a animação. Ficou mudo e pediu um uísque à aeromoça. Perguntei-lhe se estava bem e ele me respondeu: "Talvez não tenha sido uma boa ideia escolher esta companhia. Este senhor parece ser um chefe muçulmano importante e pode ser alvo de um atentado". Mas, como esse tipo de ato terrorista ainda era raro naquele tempo, logo esquecemos essa preocupação e Haroldo pôs-se a ler um jornal italiano que trouxera.

De repente, ele aí encontrou algo que o entusiasmou. Disse-me: "Leia isso!". Li, era uma notícia policial. Dois *carabinieri* em ronda numa viatura tinham avistado, numa zona escura da Via del Campo, uma mulher alta, loura platinada de minissaia e saltos agulha. Ao ver os *carabinieri*, a loirona saiu correndo, e os guardas foram atrás dela. Na corrida, um dos saltos se quebrou, a mulher tropeçou e sua peruca caiu numa poça. Os guardas verificaram, então, que se tratava de uma travesti: Enrico Bagoni, 46 anos, sem residência fixa. Tinha torcido o tornozelo direito. Depois de socorrido, o infeliz Enrico foi denunciado por identidade falsa e sequestraram os trajes de sua "absurda mascarada". O delito e a notícia, insignificantes pelo assunto, tornavam-se realmente notáveis na língua italiana, enfática, barroca, sonora.

Haroldo sacou imediatamente um bloquinho e pôs-se a escrever. Lia alto e comunicava-me suas ideias: "O texto como vazio! O texto como travesti! O texto como falsa identidade genérica! Os críticos correndo atrás do texto para sequestrá-lo!". Foi assim que vi surgir um poema em prosa: "vista dall'interno della vettura dei carabinieri um texto se faz do vazio do texto sua figura designa sua ausência sua teoria dos das personagens é o lugar geométrico onde ele se recusa à personificação la figura della donna che sostava in una zona più scura di via del campo appariva dotata di un certo fascino…".

A notícia de jornal se tornava intertexto de uma das mais belas páginas das futuras *Galáxias*. Tomado de júbilo criativo, Haroldo pontuava a escrita e a leitura com risadas felizes. Foi como ver o nascimento de uma estrela, iluminando o poeta.

Chegamos a Londres, sãos e salvos, à noitinha. Depois de instalados em outra pensão, dirigimo-nos à casa onde estavam morando, com familiares e amigos, Caetano Veloso e Gilberto Gil, exilados depois de terem sido presos no Brasil. A casa assobradada ficava no bairro de Chelsea, no nº 16 da Redesdale Street, mais tarde apelidada por Haroldo de "Capela Sixteena". Com alguma dúvida sobre o endereço, Haroldo entrou numa daquelas cabines vermelhas típicas de Londres para telefonar. Fiquei esperando na calçada. Aproximou-se então um homem todo vestido de negro, com um chapéu de abas largas, que me deu um susto. Ele perguntou: "Vocês estão procurando a casa do Caetano?". Era o músico Péricles Cavalcanti. Rumamos juntos para a casa dos músicos.

A porta foi aberta por Dedé, mulher de Caetano naquela altura. Caetano logo apareceu, muito magro e cabeludo, com cara de iogue indiano, mas com um enorme sorriso de orelha a orelha. Miúda, branquinha e bonita, Dedé não correspondia à imagem estereotipada da baiana. Mas, como boa baiana, havia preparado para nós uma moqueca de peixe, especialmente adequada porque era 2 de fevereiro, dia de Iemanjá. Gil fez uma aparição rápida e logo sumiu discretamente escada acima. Estava claro que, apesar de nossa admiração por ele, a visita era prioritariamente a Caetano.

Depois do jantar, os anfitriões ofereceram a Haroldo uma poltrona especial. Roberto Carlos havia estado lá e se sentara naquela que, desde então, se tornara a "poltrona do Rei". Caetano, Dedé e agregados sentaram-se no chão, em torno de Haroldo. Alguém lhe pediu, então, que contasse a história dos amores de Oswald de Andrade, o pai espiritual do tropicalismo. Haroldo não se fez de rogado. Com muita graça, contou a história da "afilhada" Carmen Lídia, da francesinha Kamiá, da Miss Cyclone, musa da garçonnière paulista e desposada por Oswald in extremis, do casamento e das viagens com Tarsila, do encontro com Pagu e o casamento seguinte, até a estabilidade afetiva no último matrimônio, com Maria Antonieta d'Alkmin. Cada lance narrado era saudado com gritos e palmas da pequena plateia.

Depois, Caetano pegou o violão e cantou sua última composição: "London, London". Apesar da melancolia da letra, ficamos deslumbrados. Antes de partir, pedi a Caetano que autografasse um lenço de seda indiano vermelho e branco, que eu trazia como echarpe. Com uma hidrográfica azul, Caetano escreveu: "Leyla, *anyway, time out, time in.* O fim da picada. O negócio mesmo é na Pituba. Eu estou muito contente hoje. Mas isso passa, dizem os otimistas. *Good day, sunshine!* Em Londres? Um beijo. Caetano". Esse pequeno texto traduzia exatamente seu estado de espírito. Triste, no exílio, mas momentaneamente feliz pela visita de Haroldo. A noite já ia avançada quando partimos. Caetano nos levou à porta, pendurado nas costas de Dedé, como uma criança. Vi que, apesar de pequena, Dedé era uma fortaleza, pelo menos para Caetano.

No dia seguinte, voltei a Paris, onde me esperavam muitas atividades. Haroldo devia partir logo depois. Entretanto, sofreu um acidente de automóvel e fraturou a bacia, o que o reteve em Londres, na "Capela Sixteena", onde foi carinhosamente cuidado pelos baianos (ver detalhes em *Verdade tropical*, de Caetano). A temporada londrina também lhe permitiu rever demoradamente seu amigo, o escritor cubano Guillermo Cabrera Infante (1929-2005).

Haroldo só pôde voltar a São Paulo um mês depois. Quando ele fez escala em Paris, Gilles Lapouge e eu fomos vê-lo e conversar com ele, na sala dos passageiros em trânsito. Era permitido naquele tempo ou tivemos autorização porque Lapouge era jornalista? Não sei, mas foi reconfortante reencontrar meu companheiro de viagens em tão boa forma, apesar da bengala.

Minha amizade com Haroldo durou até seu falecimento, em 2003. Quando ele me telefonava, eu pegava logo uma cadeira, porque a conversa se estenderia por uma hora ou mais. As dedicatórias dos livros que me oferecia terminavam sempre da mesma forma: "Com a sempramizade do Haroldo". Sinto uma falta enorme desse prodigioso sempramigo.

Lembranças de Osman Lins

Conheci Osman Lins (1924-1978) logo que ele chegou a São Paulo, vindo do Recife, em 1962. Fisicamente, ele era a prova de que os holandeses haviam passado por Pernambuco: era aloirado e tinha olhos azuis. Osman tinha uma grande admiração pela cultura europeia em geral. Era requintado, só ouvia música erudita. Desgostava-lhe o pouco apreço pela cultura da maioria dos brasileiros. Para exemplificar, ele me disse uma vez: "Você sabe, Leyla, lá no Recife, quando se quebra um vidro, pensa que consertam? Consertam não! Deixam ficar assim mesmo".

Ele tinha estado na França em 1961 e trazia ótimas lembranças, narradas pouco depois em seu livro *Marinheiro de primeira viagem*. Nossa amizade se estreitou no final dos anos 1960, quando nos encontramos muitas vezes, em minha casa e também na casa de José Paulo Paes e Dora. Ele era casado com Julieta de Godoy Ladeira (1927-1997) e formavam um casal muito combinado. Além de também ser romancista, Julieta era muito culta e refinada.

Instalado em São Paulo, Osman vivia quase solitário, por índole e escolha. Segundo ele mesmo, conheceu a solidão desde a infância. Por temperamento, era orgulhoso, intenso e intransigente. Foi constantemente "um homem em guerra". Assim como Lima Barreto, sobre o qual escreveu um ensaio, ele se sentia "um rebelde solitário", um "livre atirador" de "punhos e dentes cerrados". Sua atitude guerreira provinha da inteireza de seu caráter e da seriedade de sua vocação.

Em *Guerra sem testemunhas* (1969), ele desenvolve uma reflexão sobre "O escritor, sua condição e realidade social" (subtítulo do ensaio). Com notável lucidez, ele analisa as condições adversas que o escritor enfrenta: impossibilidade de se sustentar como profissional, a dependência de editores que privilegiam as obras de consumo fácil e imediato, a disputa inglória com os meios de comunicação audiovisuais, o ensino esclerosado da literatura, enfim, a marginalidade da literatura e do escritor na sociedade. E defende, com insistência, a importância ética do escritor nessa mesma sociedade: "Nem sempre ouvem os homens a própria consciência, mas, se têm consciência, ainda não lhes sobreveio a morte interior. Por mais corrompidos que sejam em seu comportamento, resta em seu íntimo um núcleo vital que nunca emudece. [...] O escritor, na sociedade, representa essa voz, esse rumor, é uma força espiritual, a consciência de um momento, a secreta lucidez de um povo".

Em *O evangelho na taba: Problemas inculturais brasileiros* (1979), que reúne seus artigos de intervenção em jornal, ele volta à carga, denunciando a censura dos governos militares, sem esquecer a situação dos trabalhadores braçais, urbanos e rurais. Depois de um breve período como professor de literatura, o escritor abandonou a universidade, decepcionado com um ensino a seu ver demasiadamente teórico, que não transformava os estudantes de letras em leitores realmente empenhados.

Osman tinha uma concepção elevada da literatura e da função do escritor. Com uma acuidade que o futuro só fez confirmar, ele observava que "vivemos num supermercado, num mundo cada vez mais capitalista, um mundo horrível". E ele situava a literatura nesse mundo mercantil: "A literatura é mais necessária do que nunca. Porque, quanto mais bruto o mundo, mais necessária é a poesia, mais necessário é o escritor, e mais necessidade sente a população de encontrar uma correspondência para suas aspirações, porque não é todo mundo que cai nesse lixo. É uma parte. Uma ou outra parte aspira a alguma coisa de melhor e resiste".

Osman fazia questão de isolar-se. Não gostava de ser associado a nenhum movimento, brasileiro ou internacional. Contra todas as evidências, negava o parentesco de sua obra de ficção com o *nouveau roman* francês. Perguntado se sua obra tinha alguma relação com as de Guimarães Rosa e Clarice Lispector, ele respondeu altivamente: "Não os tenho por modelo em nenhum aspecto. Meus rumos são outros". Isso não significa que ele não lia os contemporâneos brasileiros e que não admirava os dois citados. Mostra apenas seu desejo de independência.

Durante minhas estadas na França, mantivemos um constante contato epistolar. Apesar de sério, Osman tinha um grande senso de humor. Prova disso é este trecho de uma carta que ele me escreveu em 1969, em plena ditadura:

> Tenho de dar-lhe algumas novidades políticas. Estão matando criancinhas, por medo de que surja, entre elas, um civil. Os cartórios só estão registrando crianças militares, e os padres têm ordem para só batizar recém-nascidos com patente de cabo para cima. Vários generais, mesmo assim, foram mortos com veneno para gafanhoto. O mesmo veneno utilizado no Egito, durante uma das sete pragas. Vários ex-deputados estão aparecendo depois da meia-noite, correndo bicho. Viraram lobisomens. A Constituição vai ser datilografada. Cassaram o mandato, o Sermão do Mandato. Consta que o Brasil vai ser governado por uma trilogia. A Arena

agora mudou de nome, agora é Poema: Partido da Obediência ao Exército, à Marinha e à Aeronáutica. Compraram um abajur para a Câmara dos Vereadores. A moda também apresenta grandes novidades, mas a principal é que — desculpe, com licença da palavra — as freiras entraram direto nas calcinhas de náilon. Gustavo Corção está uma fera. Defendeu, em vários artigos publicados no *Estadão*, o cinto da castidade. Ele é que está certo.

Osman queria ser lido em outros países, por isso foi um dos primeiros escritores brasileiros a contratar uma agente internacional. Em 1971, *Nove, novena* foi publicado em francês. Sua tradutora era minha amiga, Maryvonne Lapouge. Na fase de preparo, ela penou com os numerosos reparos e conselhos que Osman lhe enviava, e tentávamos resolver juntas as dificuldades da tradução. O livro saiu finalmente pela editora Denoël e fui convidada a escrever a apresentação, que acharam muito sofisticada. Eles esperavam que eu fornecesse referências brasileiras mais exóticas, como no caso da obra de Jorge Amado, que fazia grande sucesso na França. Eu aproximava Osman Lins dos *nouveaux romanciers* franceses, por suas invenções de novas técnicas narrativas, colocando-o num contexto internacional. O próprio autor dizia: "Não quis falar de um Brasil colorido, carnavalesco, mascarado. Não gostaria que meus livros se parecessem com essas danças folclóricas que os africanos apresentam à rainha da Inglaterra". Finalmente, meu prefácio foi mantido e, para surpresa dos editores, a crítica do romance foi muito elogiosa. O desejo de Osman de ser conhecido em outros países, como outros escritores latino-americanos contemporâneos, foi realizado. Mais tarde, quando *Avalovara* saiu em francês, Julio Cortázar disse que se tivesse escrito aquele romance não escreveria mais nada por vinte anos.

Em 1973, Osman brigou comigo. Eu estava na França, e ele e Julieta foram me visitar. Ele acabara de publicar *Avalovara*, romance que alterna quatro estilos de escrita, através dos quais ele queria representar a evolução dos modos narrativos. Eu disse a ele: "Eu ficaria apenas com a parte intitulada '*nascida e renascida*', que é a mais radical e contemporânea". Ele não gostou e me respondeu: "Você está uma esnobe, metida a parisiense". Ele tinha razão, porque eu estava realmente envolvida com a "teoria da escritura", que Barthes e o grupo *Tel Quel* desenvolviam naquele momento. E, ainda por cima, eu lhe disse: "A sua obra-prima ainda é *Nove, novena*, e dentro de *Nove, novena* é o 'Retábulo de Santa Joana Carolina'", o que também o desgostou, porque nenhum escritor gosta que se diga que a obra-prima dele é a anterior. Para um escritor, sua obra-prima tem de ser sempre a mais recente. Felizmente, esse desentendimento entre nós durou pouco, porque Osman sabia o quanto eu o admirava.

Em 1977, nos encontramos no velório de Paulo Emílio Sales Gomes. Quando saímos, Osman vociferava contra o governo, contra a situação do país, e parecia um tribuno falando na rua. Aí eu disse a ele: "Osman, você me lembra Flaubert, que gostava de citar são Policarpo, um santo da Idade Média que dizia 'Meu Deus, meu Deus, em que tempo me fizestes nascer!'". Ao que Osman respondeu: "É muito pior do que isso! Eu diria, em que tempo e *em que lugar* me fizestes nascer!".

A última lembrança dele, entre tantas outras que tenho, é triste. Quando ele foi internado no hospital Albert Einstein, fui várias vezes até lá. Como ele não estava recebendo visitas, eu ficava com a Julieta do lado de fora. Ela ia me contando como ele se sentia, que ele passara os últimos dias ouvindo Vivaldi, seu compositor favorito. Depois de sua morte, Julieta me disse: "Vou lhe contar uma coisa, porque acho que você vai gostar. No hospital, o Osman me pedia para ler textos para ele, às vezes de outros autores, às vezes os textos dele mesmo; e o último texto que ele pediu para eu ler, quando ele já estava quase em agonia, foi o 'Retábulo de Santa Joana Carolina'".

Osman Lins ocupa um lugar singular na história da literatura brasileira do século xx. Essa singularidade constitui o valor de sua obra e, ao mesmo tempo, custou ao escritor sua solidão existencial e a dificuldade de classificação, que faz com que seu nome seja ocasionalmente lembrado e frequentemente esquecido pela crítica. Agora, em perspectiva, podemos ver em seu projeto uma grande afinidade, não tanto com outros escritores brasileiros, mas com os artistas plásticos abstratos e concretos de seu tempo. Como dizia Hélio Oiticica em 1967: "No Brasil, os movimentos inovadores apresentam, em geral, esta característica única, de modo bem específico, ou seja, uma vontade construtiva marcante".

A primeira fase da obra de Osman Lins ainda se inscrevia na tradição literária do país. *O fiel e a pedra* (1961) poderia ser classificado como regionalista, pelo fato de sua intriga se situar em Pernambuco, na época do declínio dos engenhos de cana-de-açúcar. Entretanto, esse magnífico romance não visa o contexto geográfico ou social, mas a luta de um homem de princípios inflexíveis contra esse contexto e em crise pessoal. É uma narrativa centrada na personagem, cuja psicologia é desvendada com tons épicos e míticos. A partir de *Nove, novena* (1966), a obra de Osman Lins entra numa nova fase, que poderíamos chamar de experimental. Informado das iniciativas internacionais pela renovação das técnicas narrativas, o escritor produziu obras de grande rigor formal, estruturadas a partir de esquemas geométricos ou linguísticos previamente determinados. Como as obras plásticas de sua época, são narrativas nascidas de "uma vontade construtiva marcante".

Entretanto, é preciso ressaltar que o cuidado formal de Osman Lins não era meramente estético. Era a busca de uma representação da realidade que não se reduzisse a um realismo descritivo, mas que a captasse de modo estrutural. A temática de seus romances se enraíza nos problemas sociais, nordestinos e brasileiros em geral, mas alça voo até a universalidade por incluir questões psicológicas e éticas. Por isso, foi tão admirado na França, onde até hoje ele é um nome de referência para os leitores exigentes.

Embora sua obra tenha sido objeto de numerosos estudos e teses universitárias, ela não figura no panteão do público leitor como referência indispensável. Os encontros universitários dedicados a ela têm um público restrito. O verdadeiro lugar de Osman Lins na literatura e na cultura brasileiras do século xx ainda está para ser reconhecido. Seus contos e romances foram publicados de 1955 a 1977, vinte e dois anos que foram cruciais na política e na cultura brasileiras. Nesse período, a literatura brasileira contou com dois romancistas de estatura universal: Guimarães Rosa e Clarice Lispector. *Grande sertão: veredas* foi publicado em 1956, *Tutameia: Terceiras histórias*, em 1967; *A paixão segundo G.H.* é de 1964 e *A hora da estrela*, de 1977. Guimarães Rosa morreu em 1967, Clarice Lispector em 1977 e Osman Lins em 1978. Assim, pelas datas de suas obras, Rosa, Clarice e Osman foram da mesma geração de escritores. Os dois primeiros tiveram, ainda em vida, um amplo reconhecimento, e seu prestígio só aumentou depois da morte. O nome de Osman Lins é raramente citado junto aos deles, como deveria ser. Os três foram os grandes inovadores da prosa brasileira no século passado.

Julio Cortázar, encontros e desencontros

Em minha viagem a Paris, em dezembro de 1968, eu levava um pacote de livros enviados por Haroldo de Campos para seu amigo Julio Cortázar (1914-1984). O escritor residia na cidade desde 1957. Tendo partido voluntariamente por discordar do peronismo, acabou ficando por lá, até ser definitivamente impedido de voltar à Argentina por ser um dos inimigos mais notórios da ditadura militar subsequente.

Depois de marcado o encontro por telefone, dirigi-me à Rue de l'Éperon, uma ruazinha que liga o Boulevard Saint-Germain à Rue Saint-André-des-Arts. Era (e ainda é) um prédio charmoso, com um portão antigo dando para um pequeno pátio cercado de plantas. Subi as escadas, toquei a campainha do apartamento e a porta se abriu.

Diante de mim estava um homem muito alto. Vestia calça jeans e um pulôver rústico de marinheiro português, bordado com âncoras e barquinhos negros. O rosto pálido de traços regulares era dominado por olhos claros muito separados e espessas sobrancelhas, que, aliados a um vinco profundo entre elas, lhe davam uma expressão de espanto. Os cabelos negros, um pouco longos, eram revoltos. Não usava barba, na ocasião. Era um homem estranhamente bonito, de idade indefinida. Até o fim de sua vida, ele manteria essa aparência de jovem velho ou de velho jovem, que intrigava os que conheciam sua idade.

Muito caloroso, convidou-me a entrar. A primeira coisa que vi na casa foi um pôster na antecâmara. Neste figurava o cãozinho Snoopy datilografando, em sua minúscula máquina de escrever, o seguinte texto: "*Era una noche oscura y tormentosa...*". O pôster anunciava a casa de um escritor que, embora já famoso, não se levava tão a sério.

O escritor conduziu-me até a sala, onde nos sentamos à beira de uma lareira ou algo parecido. Apresentei-me, entreguei os livros, dei notícias de Haroldo e continuamos conversando. Ele me perguntou o que eu fazia em Paris e entusiasmou-se quando soube que eu trabalhava sobre Lautréamont. Cortázar era um leitor apaixonado do poeta franco-uruguaio. Conversamos sobre *Os cantos de Maldoror*, e de repente Julio disse esta frase: "Vejo frequentemente Isidore Ducasse na Rue Richelieu". Ora, Isidore Ducasse, nome verdadeiro de Lautréamont, morrera em 1870. A rua em questão é uma viela sombria ao lado da antiga Bibliothèque Nationale. Por algum tempo, Isidore viveu bem perto dela, na Rue Vivienne, e nos *Cantos de Maldoror* ela é referida no trecho em que o mal-intencionado Maldoror persegue o adolescente Falmer.

Achando que devia interpretar a declaração de Julio como metafórica, sorri. Ele me disse: "Não ria, eu o vejo de fato". Foi a primeira vez que uma estranha observação de Julio me desconcertava. Haveria muitas outras, nos anos futuros. Aos poucos, eu compreenderia que Julio vivia em nosso mundo real, mas também num mundo suprarreal cuja fronteira ele atravessava facilmente. E esse seu modo de ser nos levava a vê-lo, ao mesmo tempo, como um homem real e um ser de outro mundo. No conto "El otro cielo", publicado dois anos antes desse nosso primeiro encontro, Cortázar tratava justamente dessas "passagens" entre dois mundos, e punha como personagem um jovem sul-americano da Paris do Segundo Império, cuja identidade as epígrafes do conto, tiradas dos *Cantos de Maldoror*, anunciavam.

O relato de seus encontros com Isidore Ducasse me fascinou tanto que ficou como a única lembrança deste primeiro encontro. No dia seguinte, quando fui, como de hábito, à Bibliothèque Nationale, atravessei a Rue Richelieu e tive um pouco de medo de andar em suas estreitas calçadas e de olhar para suas altas paredes, escuras e sem janelas.

Meu segundo encontro com Cortázar se deu no ano seguinte, num jantar na casa de Ugné Karvelis (1935-2002), com quem Julio estava então casado. Ugné, nascida na Lituânia, trabalhava na Unesco e na editora Gallimard. Era uma mulher grande, impositiva e um pouco intimidante. Além das afinidades intelectuais, os dois tinham posições políticas semelhantes. Conheceram-se em Havana, e eram ambos entusiastas da revolução cubana. Mas, naquele momento, a relação deles já estava estremecida.

Depois disso, encontrei Cortázar numerosas vezes, na casa de Alice e Georges Raillard. Nessas ocasiões, lembro-me dele sempre sozinho e muito discreto. Um perfeito *caballero*, sério e um pouco solene. Apesar de décadas de vida em Paris, ele não aderia àquele *esprit* parisiense que Georges encarnava tão bem: observações rápidas, irônicas, cutucadas nos ausentes e provocações dirigidas aos presentes, que faziam rir à roda da mesa. Julio não ria dessas fofocas. Numa ocasião, ele mesmo disse que não era suficientemente rápido para entender aquelas piadinhas de Georges. Sabemos que humor não lhe faltava, mas era de outro tipo.

Os anos foram passando, continuei encontrando ocasionalmente Cortázar em Paris. Até que, em 1975, Haroldo me comunicou que ele viria incógnito a São Paulo para encontrar a mãe e a irmã, que chegariam de Buenos Aires. Cortázar era membro do Tribunal Russell. Esse tribunal, que se dispunha inicialmente a julgar os crimes de guerra cometidos pelos Estados Unidos no Vietnã, em 1974 se transformara em Tribunal Russell ii, focado nas ditaduras sul-americanas.

Não podendo voltar à Argentina, o escritor marcara aquele encontro familiar em São Paulo, já que, no Brasil, embora também estivéssemos sob uma ditadura, o risco de ser preso era um pouco menor. A viagem devia, entretanto, ser cercada do maior segredo. Haroldo e eu fomos buscá-lo no aeroporto de Congonhas em meu carro. Cortázar desembarcou um pouco nervoso porque, no Rio, tivera de trocar de avião, o que era normal naquele tempo. Mas ele reclamou, porque considerava essa mudança de mau agouro. Levamos sua bagagem para um hotel modesto da avenida São João, onde os hóspedes deveriam ser menos visados do que num grande, achava ele.

Cortázar precisava resolver um problema de passagem na agência da Air France, na avenida São Luís. Decidi deixar o carro num estacionamento da rua da Consolação. O estacionamento era subterrâneo e, no momento em que chegamos à garagem escura, Cortázar entrou em pânico: "Leyla! Aonde me levas?". Esta e outras reações do escritor mostravam seu estado de espírito, dividido entre a alegria dos reencontros e o temor, bem fundado, das polícias brasileira e argentina. Tratamos de tranquilizá-lo e fomos a pé pela avenida.

Ao passarmos por uma agência de viagens, Julio pegou-me pelo braço e me mostrou, na vitrine, uma miniatura de transatlântico. E me disse: "Imagine que lindo seria espalhar açúcar nesses tombadilhos e soltar neles um bando de formigas. Elas se agitariam para todo lado, como passageiros malucos". Ideia típica de Julio, que sempre adorou os navios e via tudo com os olhos da imaginação.

Nos dias seguintes, ele esteve em Campos do Jordão, onde se encontrou com a mãe e a irmã. Em São Paulo, Haroldo de Campos, o grande tradutor Boris Schnaiderman (1917-2016) e eu passamos muitos bons momentos com ele. Num desses encontros, fomos tomar um aperitivo no Pingão do largo do Arouche e sentamo-nos numa mesa da calçada. A estátua do imperador Augusto, com o dedo em riste, parecia apontar para a nossa mesa, como a indicar que ali estava alguém especial. Já tínhamos comentado, entre nós, que nosso "cadáver" era difícil de esconder, porque, além de muito grande, era uma figura conhecida de todos pelas fotos em jornais e revistas.

Num outro dia, almoçamos no restaurante Mexilhão, da rua Treze de Maio. Fui buscar Julio no hotel, Haroldo e Boris nos esperavam no restaurante. Quando passávamos, já a pé, na esquina da Treze de Maio com a praça Dom Orione, notei uma mala velha jogada na calçada e disse a Julio: "É a valise do Cronópio!". (*Valise de Cronópio* é o título de uma antologia de ensaios de Cortázar, publicada por Haroldo de Campos e Davi Arrigucci em 1974 pela editora Perspectiva.) Ele gostou da ideia e resolveu levar a mala para mostrá-la aos amigos. Foi assim que os garçons e clientes do Mexilhão viram, espantados, um senhor elegantíssimo, de terno e gravata, carregando uma mala despedaçada. A mala ficou ao lado de nossa mesa e combinamos que mais tarde Cortázar a autografaria. Na hora de encomendar os pratos, ele chamou o garçom e lhe disse: "Cuide para que não tenha nenhum traço de alho! Acontecem-me *coisas horríveis* quando como alho!". O garçom partiu assustado, pois o cliente podia ser um vampiro.

No dia de sua partida, Julio devia almoçar em minha casa. Preparei um vatapá sem nenhum traço de alho e limpei um pouco a valise do Cronópio, para que ela recebesse o autógrafo que a tornaria um precioso *ready-made*. Mas o telefone tocou, e era Haroldo. Contou-me que nosso amigo tinha saído um pouco, de manhã, e ao voltar o gerente do hotel lhe disse que, em sua ausência, tinham estado lá uns policiais que revistaram seu quarto. Em vista disso, Cortázar se dirigira imediatamente para o aeroporto, com o intuito de tomar o primeiro voo para Paris. O vatapá não seria comido e a valise não seria autografada, contratempos insignificantes diante do risco que o escritor corria.

O jornalista Marcos Faerman viu Cortázar no aeroporto, antes de o escritor tomar seu avião e voltar para Paris. Duas fotos dele, sentado lendo um livro, foram então tiradas pelo fotógrafo Antônio Lúcio. Faerman assim o retratou:

Ali estava um dos maiores escritores da América Latina, sozinho, muito alto (mais de dois metros), óculos escuros. Ele me parecia tranquilo, lendo um livro de Octavio Paz, o grande poeta e ensaísta mexicano — distraído, como se não estivesse num aeroporto. Num momento em que fechou as páginas do livro e começou a passear, não podia deixar de achar que ele estava um pouco triste, mas as pessoas que viajam sozinhas sempre parecem um pouco tristes. Era o homem mais alto do aeroporto, a cara oculta por óculos escuros, as mesmas sobrancelhas grossas, muito suas, um estilo de barba que parece ter a marca exclusiva do senhor Julio Cortázar. Caminhava com elegância, mas ao mesmo tempo com a força de um pugilista. Ele tem as mãos de um bom peso-pesado [...].*

Na noite anterior, Julio assistira ao show de Maria Bethânia no Tuca, e depois do espetáculo, tomando uma batidinha de limão no Cristal, além de outros assuntos, havia exposto a Marcos Faerman sua teoria de que Bethânia e Caetano eram a mesma

* *O Estado de S. Paulo*, 26 maio 1975.

pessoa. Curiosamente, parece que a Mãe Menininha do Gantois também os considerava unidos.

Nos anos seguintes, revi Julio algumas vezes em Paris. Ele se separara de Ugné Karvelis e encontrara o último amor de sua vida, a escritora e fotógrafa canadense Carol Dunlop. Os dois se casaram em 1979 e escreveram juntos o livro de viagem *Los autonautas de la cosmopista*. Ela era linda e 32 anos mais jovem do que ele. Foram talvez os anos mais felizes do escritor, até que, em 1982, Carol morreu de câncer. A partir dessa data, Julio mergulhou em profunda melancolia.

Em fevereiro de 1984, eu estava de volta a Paris e Alice Raillard me disse que Julio estava hospitalizado. Havia muitos anos o escritor sofria de uma forma de leucemia que piorava lentamente. Combinamos, Alice e eu, de visitá-lo no hospital, onde tomaríamos um chá com ele. Segundo Alice, ele estava melhor e se alegrava com a ideia de nossa visita.

No dia marcado, decidi voltar para casa depois do almoço, animada com a perspectiva da tarde. Chovia, entrei correndo num ônibus lotado. À minha frente, de pé como eu, um passageiro lia o jornal *Le Monde*. A primeira página do jornal estava diante de meus olhos, e nela li: *"L'écrivain Julio Cortázar est mort"*. Engoli a notícia em seco, mas logo as lágrimas começaram a correr por meu rosto, para espanto dos outros passageiros.

Telefonei a Alice, para ver confirmada a notícia. Alice convidou-me a acompanhá-la ao velório, mas eu não quis ir. Não me sentia tão íntima do escritor para me juntar aos próximos nessa cerimônia, e não queria ver Julio morto. No dia seguinte, fui ao enterro, no cemitério de Montparnasse. O séquito era relativamente pequeno, muito pequeno em comparação à grandeza do morto. "Poucos franceses", comentou Georges Raillard. E ele acrescentou que a França não havia assimilado Cortázar, o que a manchete do *Monde* revelava. Se ele fosse realmente conhecido, como merecia, não teria sido necessário dizer "*l'écrivain Julio Cortázar*".

A maioria dos presentes era latino-americana, alguns muitos jovens. Mas havia também um grupo de espanhóis, entre os quais se distinguia o pintor Antonio Saura, irmão do cineasta. Notei que os espanhóis eram os mais dignos, vestidos com sobretudos negros e caminhando compassadamente. Com sua seriedade e altivez, eram perfeitos para a ocasião. Foi muito comovente ver o esquife de Julio descer para junto do de sua amada Carol que, contra todas as leis da natureza e por descuido dos deuses, o precedera naquele túmulo.

Hoje, na Argentina, Cortázar é festejado por muitos de seus conterrâneos como um dos maiores escritores do país. Há grandes fotos dele nas livrarias e seu nome foi dado a uma bela praça. Entretanto, em vida, falavam muito mal dele. Não lhe perdoavam o longo exílio e o afrancesamento. Surpreendentemente (ou não), eram os marxistas que mais o criticavam, apontando incoerência entre seu apoio incondicional a Cuba e a literatura sofisticada que praticava. Esses marxistas achavam que ele devia escrever sobre e para o povo, e o consideravam um burguês esnobe. Por mais e melhor que ele se defendesse, em cartas e artigos, essas críticas o faziam sofrer.

Na conversa com Marcos Faerman, que o interrogou a esse respeito, ele respondeu: "Muita gente confunde política com literatura e literatura com inveja". Fórmula perfeita. Talvez por inveja, Hector Bianciotti (1930-2012), argentino que também vivia em Paris, me disse um dia que o espanhol portenho de Cortázar era "velho", devido aos anos de ausência. Anos mais tarde, Bianciotti se tornou um escritor francês, membro da Académie. Destinos muito diferentes, os desses dois argentinos escritores. Bianciotti, este sim, tinha trocado de país e de língua. Cortázar escreveu em espanhol até a morte.

Só consegui homenagear o grande Julio em 2004, por ocasião do nonagésimo aniversário de seu nascimento, quando publiquei na revista francesa *Littérature* um ensaio ("Passages: Isidore Ducasse, Benjamin et Julio Cortázar") sobre seu conto "El otro cielo", do livro *Todos los fuegos el fuego* (1966). Nesse conto, Cortázar efetua uma viagem no tempo, entre a Passagem Güemes da Buenos Aires do século xx e a Galerie Vivienne da Paris do século xix, frequentada por um misterioso *sudamericano*, cuja expressão era "formosa e ausente e lunática". A epígrafe do conto o identifica: o uruguaio Isidore Ducasse, conde de Lautréamont. As passagens entre o real e o imaginário eram o habitat desses dois grandes escritores sul-americanos.

Em janeiro de 2012, estive em Buenos Aires e andei pela praça Julio Cortázar, lembrando-me dele com carinho. Em Paris, desde 2007, também há uma pracinha com o mesmo nome, na ponta da Île Saint-Louis, onde ele situou o conto "Las babas del diablo", adaptado por Antonioni no filme *Blow Up*. Quem sabe um dia revejo Julio em Paris, caminhando em companhia de Isidore Ducasse na Rue Richelieu, vindos da Galerie Vivienne e dirigindo-se à Passagem Güemes de Buenos Aires? Se isso acontecesse, eu não teria medo; pelo contrário, ficaria maravilhada.

Benedito Nunes, tesouro da Amazônia

Em 2009, no prefácio que fiz para a edição de *A clave do poético*, publicada pela Companhia das Letras, escrevi o seguinte:

> Benedito Nunes é um tesouro nacional, guardado na Amazônia há décadas. Digo "guardado", e não "escondido", como costumam ser os tesouros, porque este já foi descoberto há muito tempo, por todos os que buscam o saber filosófico e poético. Numerosos foram os intelectuais estrangeiros que, encaminhados a ele por colegas de todo o Brasil, surpreenderam-se com a pessoa e o valor desse colega do Norte. Talvez impregnados de estereótipos selvagens sobre a Amazônia, e sobre a impossibilidade do pensamento filosófico num clima equatoriano, ficavam surpresos ao encontrar esse heideggeriano pensando, escrevendo e ensinando à beira da floresta.

Gilles Lapouge foi um dos muitos intelectuais estrangeiros que se encantaram com ele. Em seu livro *Équinoxiales* (1977), Lapouge fez um divertido relato de sua visita ao "excelente filósofo". Contou, à sua moda, a história de uma árvore andante, plantada por Benedito em seu jardim. Tratava-se de uma daquelas árvores amazônicas com raízes altas, que costumam se deslocar pouco a pouco, procurando um lugar melhor para viver. Segundo Lapouge, a árvore cresceu e se deslocou tanto que ele encontrou a casa de Benedito completamente embrulhada pela ramagem, carregada de orquídeas, pássaros, borboletas e roedores. Para alcançar seu quarto, o filósofo tinha de atravessar uma densa vegetação que, dentro de alguns anos — previa Lapouge —, exigiria a ajuda de indígenas armados de machetes. Embora demasiadamente imaginativo, Lapouge captou bem o modo de ser de Benedito Nunes. Dentro de sua árvore-casa, conclui ele: "Monsieur Nunes não se inquieta. Ele é tranquilo. Lê *O ser e o tempo*".

Benedito José Viana da Costa Nunes (1929-2011) nasceu em Belém do Pará e lá permaneceu toda a sua vida. Ensinou filosofia na Universidade Federal do Pará e estagiou várias vezes no exterior, principalmente na França e nos Estados Unidos. Em todos os lugares, era apreciado por seu saber e sua qualidade humana. Baixinho e frágil, Benedito era um gigante de inteligência e de simpatia. Em 1970, ele foi indiciado num inquérito promovido pela ditadura. Em 1976, convidou Michel Foucault para fazer conferências em sua universidade. O Serviço Nacional de Informações, considerando o filósofo francês um perigoso agitador comunista, solicitou a Benedito a lista dos presentes no evento, que ele se recusou a entregar. Aquele homenzinho era muito corajoso.

Nos anos 1980, a convite dele, fui a Belém para participar de uma banca de doutorado, e conheci sua mulher, Maria Sylvia, diretora de teatro. A casa deles era um verdadeiro centro cultural, pela qualidade de seus frequentadores, entre eles o excelente poeta Max Martins (1926-2009). Passei alguns dias em Belém e pude apreciar a hospitalidade, não só de Benedito e Maria Sylvia, mas dos paraenses em geral. Numa sessão de autógrafos de um livro meu, as pessoas da fila me abraçavam e as mulheres me beijavam carinhosamente, a ponto de deixar esta paulistana encabulada.

Benedito levou-me para passear no parque Goeldi, que é uma espécie de resumo da selva amazônica. Lá, vi árvores extraordinárias, com cipós gigantescos, trançados como correntes de navio. Vi também um boto e uma belíssima onça-preta, com o corpo coberto de manchas da mesma cor mas de outra textura, de modo que só eram visíveis quando ela se movia, como num tecido adamascado. Enquanto eu me encantava com essas visões, aproveitava, no diálogo com meu guia, suas profundas e despretensiosas lições de filosofia e literatura. Benedito e Maria Sylvia levaram-me também a um restaurante aberto à vegetação, para conhecer a excelente culinária paraense.

Benedito era ao mesmo tempo filósofo e crítico literário, o que, segundo Antonio Candido, é raríssimo. E Candido completava: "O filósofo traz para a literatura um nível de reflexão e de abstração que os críticos geralmente não trazem; ele leva para a filosofia um sentimento estético e um senso de beleza que os pensadores nem sempre têm". De modo geral, os filósofos que escrevem sobre textos literários buscam, no concreto da linguagem, a abstração das ideias. Este não é o caso de Benedito Nunes, que pôs sua formação filosófica a serviço da linguagem poética, pela qual tinha verdadeira paixão. Além de seus livros de filosofia, ele escreveu belos textos sobre Oswald de Andrade, João Cabral de Melo Neto, Guimarães Rosa, Clarice Lispector.

Clarice Lispector disse a Benedito: "Você não é um crítico, mas algo diferente, que não sei o que é". A escritora também comentou: "Fiquei muito surpreendida quando ele me disse que sofreu muito ao escrever sobre mim. Minha opinião é que ele sofreu porque é mais artista do que crítico: ele me viveu e se viveu nesse livro. O livro não me elogia, só interpreta profundamente".

Entre os autores estudados por Benedito Nunes destaca-se Fernando Pessoa. Seus textos sobre o poeta atravessaram várias décadas. Os primeiros, de 1956, foram pioneiros. Dez anos mais tarde, quatro ensaios do crítico coligidos no livro *O dorso do tigre* (1969) já o consagravam como um notável "pessoano". Esses poucos e valiosos textos não escaparam a Eduardo Lourenço, que a partir dos anos 1970, e até os dias de hoje, é justamente considerado a maior autoridade no assunto. Num artigo de 1986, em que fazia um primeiro balanço da fortuna crítica do poeta, Lourenço já destacava a contribuição de Benedito Nunes entre as "particularmente importantes". Em 1985, por ocasião do III Congresso Internacional de Estudos Pessoanos, viajei com Benedito a Lisboa. O grupo de brasileiros chegou antes dele ao hotel, onde numerosos portugueses só queriam saber do "homem do *Dorso do tigre*". Nós outros éramos coadjuvantes.

Segundo Eduardo Lourenço, o "planeta-Pessoa" necessitava de uma leitura que fosse além da literária, uma leitura ontológica, ou melhor, neo-ontológica. Entre nós, quem poderia dar esse passo e o deu foi Benedito. Pessoa precisava de um leitor filósofo, que deixasse de lado as interpretações psicológicas de base biográfica, que fosse além das leituras estéticas ou estilísticas, e situasse sua temática no contexto da filosofia ocidental. Mas precisava de um leitor filósofo sensível à especificidade da poesia. Alguém que se lembrasse de que Pessoa escreveu: "Fui um poeta impulsionado pela filosofia, não um filósofo com faculdades poéticas".

A leitura dos *Textos filosóficos* de Pessoa, vindos à luz em 1968, permitiu a Benedito concluir que "é impossível reconstruir uma metafísica pessoana" e que as anotações do poeta mostram "um pensamento erradio" (fórmula notável!). Mas a maior lição que Benedito dá aos críticos-filósofos e aos críticos em geral é a da atenção prioritária ao texto, decorrente de sua própria convicção de que os grandes poetas sabem mais do que os filósofos. "Quando a filosofia e as ciências se calam, é sempre a poesia que diz a última palavra", disse ele num depoimento de 2005 ("Meu caminho na crítica") publicado na revista *Estudos Avançados*.

Nesse mesmo texto, ele observava que filosofia e literatura têm em comum o fato de ambas serem linguagem: "Uma e outra, como obras de linguagem posta em ação — fontes da palavra ativa, atuante —, permitem discernir o real para além do dado imediato, empírico".

Como todos os grandes críticos, Benedito foi um prodigioso leitor. O índice onomástico de *A clave do poético* revela a quantidade de autores que ele leu, e com os quais dialoga. Não se pode ser um grande crítico sem uma grande bagagem de leituras, e a dele era enorme. Outra característica desse crítico-filósofo era sua inclinação e competência para traçar grandes panoramas da produção literária brasileira no campo da ficção, da poesia e da crítica literária. Com respeito a esta última, ele contraria, saudavelmente, a tendência dos críticos ao solilóquio. Ao examinar e discutir as propostas de outros críticos, Benedito situa-os na linha histórica que remonta ao século XIX, coteja suas contribuições e ativa um debate de âmbito nacional de que somos carentes.

Benedito Nunes não foi apenas um excelente leitor-crítico; foi também um teórico da literatura que expunha seus conceitos com segurança e concisão. O ensaio "Conceito de forma e estrutura literária" (em *A clave do poético*) é uma aula de estética, pela qual ele conduz o leitor de Aristóteles a Valéry, passando por Kant, até chegar a formulações cristalinas como esta:

> Longe de ser um conjunto de estruturas fechadas, a realidade textual abre-se sob três aspectos distintos: o de sua inscrição, relativa ao ato de escrever, situado num plano existencial, aquém da obra; o de sua temporalização, para além da obra, remetendo-nos ao sistema que ela integra, e daí sua historicidade; o de sua criação, na própria obra, como espaço intersubjetivo da experiência estética. Desses três planos do texto, que somente a experiência estética pode abrir, o primeiro é suscetível de interpretação ontológica, o

segundo de análise sociológico-histórica e o terceiro de descrição fenomenológica.

Revi Benedito, pela última vez, quando ele fez uma conferência no Itaú Cultural, em 2009. Ele parecia ainda mais miúdo, com cabelo e barba branquinhos e a voz ainda mais suave. Ao longo da vida, ele publicou 23 livros, recebeu muitos prêmios e continuou sendo aquele intelectual "de província", que preferia internar-se em sua enorme biblioteca cercada de árvores. Ao completar oitenta anos, foi homenageado em eventos no Rio, em São Paulo e em Campinas. Nessa ocasião, ele disse: "Sinto-me um pouco póstumo".

Tendo vivido longe dos centros culturais e universitários brasileiros, ele foi o menos provinciano de nossos intelectuais, capaz não apenas de olhar para o Brasil como um todo, mas de pensar a literatura e a crítica em termos internacionais. Apesar de arraigado na Amazônia, Benedito viajou muito. Ele costumava dizer que as passagens aéreas de Belém para o exterior eram mais baratas do que para o Rio ou São Paulo. Penso agora que ele mesmo foi como aquela árvore de seu jardim, lançando suas raízes e rebentos em direção a todas as longitudes e latitudes, para assimilar os textos filosóficos e literários que o nutriam e que nos nutrem, quando nos sentamos à sua sombra.

Roland Barthes: luto e faits divers

Meu mestre de pintura foi Flexor, meu mestre de literatura foi Roland Barthes (1915-1980). À diferença do primeiro, este foi um mestre escolhido tardiamente, quando eu já havia cumprido as tarefas acadêmicas exigidas de uma professora universitária de literatura, já havia publicado um livro e muitos artigos, dentre os quais um sobre ele. Ao longo dos anos, traduzi e comentei muitas obras de Barthes, enquanto me tornava cada vez mais sua amiga. Algumas lembranças de nossos encontros, assim como cartas que ele me escreveu, estão registradas em meus livros *Roland Barthes, o saber com sabor* (1985) e *Com Roland Barthes* (2012).

"Quem foi Roland Barthes?" é uma pergunta de difícil resposta. Nascido no mesmo ano da morte do pai, oficial da Marinha, na Primeira Guerra, passou sua infância em Bayonne, no sudoeste da França. Foi criado pela mãe em Paris, onde fez seus estudos secundários e diplomou-se em letras clássicas na Sorbonne. Dispensado do serviço militar, passou os anos da Segunda Guerra em sanatórios suíços, tratando uma tuberculose. Depois da guerra, deu aulas na Romênia e na Grécia. Teria passado despercebido em seu país, não fossem os artigos brilhantes que publicou na imprensa, desmistificando os estereótipos da sociedade francesa de sua época (*Mythologies*, 1954), e a polêmica da "nova crítica", suscitada por seu pequeno livro *Sur Racine* (1963), que enfureceu um catedrático da Sorbonne por não se basear na história literária tradicional, mas na psicanálise e na sociologia. Foi convidado para dar aulas na École Pratique des Hautes Études, e sua fama já firmada fez com que fosse eleito, em 1977, para o Collège de France, sem nunca haver defendido uma tese universitária. Como professor e crítico literário, passou por sucessivas fases: estruturalista e semiólogo nos anos 1960 (*Éléments de semiologie*, 1964), partidário da escrita de vanguarda e defensor do prazer do texto nos anos 1970 (*Le Plaisir du texte*, 1973), teórico da fotografia (*A câmara clara*, 1980) e nostálgico da grande literatura do passado em seus últimos anos. Por sua carreira atípica, é difícil responder de modo unívoco à pergunta "quem foi Roland Barthes?". A resposta menos discutível seria: foi um escritor, isto é, alguém que teve a linguagem como sua paixão e seu ofício.

Durante a Flip de 2007, Luiz Schwarcz me apresentou a J. M. Coetzee como amiga de Barthes e o escritor me perguntou: "Como era Roland Barthes?". Resposta ainda mais difícil. "Inteligentíssimo", óbvio; "encantador", superficial; "afetuoso", muito pessoal. Como era ele fisicamente? Tinha olhos e testa muito bonitos e a parte inferior do rosto, menos. Sua voz, treinada por estudos de canto, era grave e melodiosa. Era um homossexual não escondido, mas também não exibido. Tinha grande apreço pelas mulheres (Julia Kristeva, Susan Sontag). Depois de sua morte, foi publicado seu diário de aventuras sexuais, mais melancólicas do que exaltantes. O que ele desejava era amar e ser amado (*Fragmentos de um discurso amoroso*, 1977).

Mais do que um grande intelectual, Barthes era uma pessoa gentil e delicada. Em seus últimos anos, ele defendia uma "ética da delicadeza". Mas ele se perguntava, num fragmento de diário: "O que significaria fazer 'triunfar' a doçura?". Doçura e triunfo são incompatíveis, na medida em que o triunfo pressupõe luta ou, pelo menos, possibilidade de vitória. Ora, a doçura não tem lugar na ação política, e a delicadeza, diz ele no *Neutro*, é "aquilo que na civilização de massa não pode ser objeto de nenhuma moda". Na verdade, sua postura delicada e discreta sempre foi, a meu ver, o essencial de sua lição.

Depois de ter sido alertada para sua importância como crítico literário — pela leitura de Maurice Blanchot, pelas cartas de Claude Simon e de Michel Butor —, publiquei, em 1968, o primeiro artigo em que falava dele. Foi com esse artigo que me apresentei a ele, em dezembro daquele ano. Novos artigos meus, em 1970, foram de seu agrado. A partir de então, tornei-me sua amiga e tradutora. Em minhas idas anuais a Paris, frequentei seus seminários, os grandes e os pequenos, nos quais ele me acolhia, em suas próprias palavras, como amiga e "hors-concours". Dei os primeiros cursos de pós-graduação sobre ele nos anos 1970 e, nas décadas seguintes, divulguei sua obra no Brasil.

Um episódio que não narrei em meus livros só ressurgiu em minha memória recentemente, quando se preparava em São Paulo o colóquio Roland Barthes Plural, celebrando o centenário de seu nascimento. Os organizadores ficaram intrigados com um livro oferecido por Barthes a Haroldo de Campos, em 1971, com uma dedicatória em que ele se referia a um encontro anterior. Perguntaram-me se eu sabia desse encontro, e eu respondi que não só sabia, mas tinha sido a intermediária entre os dois.

Foi assim: numa de suas passagens por Paris, Haroldo me disse que gostaria de conhecer Barthes pessoalmente. Falei com o mestre e ele marcou um encontro no café L'Atrium (hoje desaparecido, como tantos), no Boulevard Saint-Germain. Barthes já tinha ouvido falar de Haroldo por Severo Sarduy (1937-1993), escritor cubano exilado, grande amigo de ambos, e talvez também por Philippe Sollers e Julia Kristeva, com os quais nosso poeta tinha contato (mais tarde ele se afastou do grupo *Tel Quel* e se juntou ao grupo rival, da revista *Change*).

Quando cheguei com Haroldo, Barthes já estava lá, sentado sozinho numa mesa do fundo. Era um daqueles cafés típicos do pós-guerra, com banquetas de veludo bordô e espelhos embaçados. Naquele meio de tarde, havia pouca gente na sala. Apresentei-os um ao outro e sentamo-nos. Logo Haroldo preencheu o silêncio com sua fala entusiástica e repleta de referências literárias. Barthes ouviu-o em silêncio, um pouco espantado com a exuberância do interlocutor, mas visivelmente interessado. Em nenhum momento ele mostrou aquele ar de tédio que às vezes o acometia. Depois de algum tempo, ele disse a Haroldo: "Eu sou muito limitado em matéria linguística, não conheço, como você, todas essas literaturas no original". Não era falsa modéstia, era sincero.

Continuamos conversando por mais uma hora, até nos levantarmos para a despedida. Já na calçada do Boulevard Saint-Germain, inesperadamente, Barthes abriu os braços e disse: "*Haroldo, je vous embrasse!*". E deu dois sonoros beijos nas bochechas de Haroldo. Era o estilo caloroso do francês do sudoeste, que subsistia no intelectual parisiense. E a prova de quanto ele havia simpatizado com nosso poeta. Quando saímos caminhando pelo boulevard, Haroldo estava em êxtase. E exclamou: "Além de grande escritor, que maravilha de homem, tão afetuoso!".

A última vez que vi Barthes foi em fevereiro de 1979. A narrativa dessa entrevista está em meus livros, mas vale a pena retomá-la aqui. Desde seu ingresso no Collège de France, ele se tornara realmente uma celebridade. Seu número de telefone teve de ser mudado e retirado da lista, para evitar o assédio. Barthes recebeu-me em sua casa, na Rue Servandoni, travessa da Place Saint-Sulpice. Estava morando no apartamento que fora de sua mãe, falecida no ano anterior.

Ele mesmo me abriu a porta, estava só. Vestia um pulôver bege claro e calças da mesma cor. Os cabelos brancos e os olhos claros compunham, com a roupa, uma figura toda suave, quase sem destaque na moldura também neutra do apartamento. Deste, só registrei um vago fundo de livros empilhados e quadros abstratos. Nenhum detalhe se impunha, nem pela ordem, nem pela desordem, nem por qualquer intensidade de cor ou de relevo. As coisas estavam ali como ele mesmo, presentes mas não imponentes, disponíveis e como que um pouco abandonadas.

Depois de um "como vai você?" — que não era uma simples formalidade, mas uma real pergunta —, ele me disse: "Eu estou doente e muito infeliz". Isso não foi dito em tom dramático ou queixoso; era uma simples constatação, confirmada pela tristeza de seu olhar. Explicou-me que, desde a partida de sua mãe, ele se havia mudado, do pequeno apartamento no mesmo prédio para aquele que fora o dela, "a fim de pôr um pouco de ordem nas coisas". E que dali não conseguia mais sair. A morte de sua mãe, um ano antes, foi para Barthes um golpe do qual ele nunca se recuperaria. Tinha morado com ela a vida toda e sua falta o deixou psicologicamente desamparado.

Levou-me para um escritório-quarto, onde nos sentamos. Perguntou-me sobre a situação brasileira, cuja relativa melhora o alegrava. Pediu-me notícias de vários ex-alunos brasileiros, um por um. Referi-me ao grande sucesso de suas aulas no Collège de France, e ele me disse que aquela multidão o angustiava:

> Não sei quem são, não sei o que esperam de mim. Claro que esse público me envaidece, seria mentiroso negá-lo. Mas cada aula é um tremendo cansaço para mim. Não é como os pequenos seminários da École Pratique, você se lembra? Este é um *público*, e é

isso o que me aborrece. Vou terminar este semestre e parar por algum tempo. Vou parar com tudo: de dar aulas, de escrever. Estamos vivendo, na França, um momento de infelicidade semântica. O discurso está cansado, exausto de tanto produzir sentidos. Vou para o campo, vou viajar, vou viver um pouco para mim. Deixar que as coisas assentem.

Era exatamente o estado de espírito que ele expôs, na mesma época, em seus últimos cursos do Collège, *O neutro* e *A preparação do romance*, no *Diário de luto* e no projeto Vita Nova.

Falamos de várias outras coisas, de Paris, das pessoas conhecidas. Amigas ou inimigas, ele tinha para cada uma delas uma palavra de afeição ou de tolerância. Sobre as pessoas polêmicas, dizia "ele é muito imprudente", e sobre as desinteressantes, "ele deve estar doente". Não falar mal dos outros era mais uma lição que meu mestre havia recebido da *noblesse* de sua mãe (ver *Journal de deuil*), e uma atitude fiel ao "princípio de delicadeza".

Falamos, finalmente, da tradução da *Aula inaugural*, que eu ia fazer, e da introdução que o editor me pedira, e que eu achava inoportuna. Para minha surpresa, ele me orientou que o fizesse de outra forma: "Vejo bem um posfácio", insistindo em que eu acharia o melhor jeito de o fazer e, argumento irrecusável, que isso lhe daria prazer. "Nós vamos fazê-lo juntos." Sugeriu, calmamente, que quando eu voltasse para casa lhe escrevesse sobre isso, e que desse diálogo nasceria o posfácio. Foi o que realmente aconteceu, nos meses seguintes, não como um diálogo — "Um escritor não dialoga", escreveu-me ele —, mas segundo seu modo habitual de escuta: uma leitura atenta, sugestiva, estimulante.

Temendo tomar muito de seu tempo, dispus-me a partir. Sempre vagaroso, ele me acompanhou até a porta e, ali, continuou conversando. Queria saber de meu irmão, que depois de anos de exílio estava de volta ao Brasil, mandar-lhe amizades e conselhos: "Diga a ele que tenha cuidado. A política, nos países de vocês, é coisa perigosa". Essa despedida prolongada deu-me a impressão de estar me separando de um velho tio afetuoso, limitado a seu mundo caseiro, e não do grande intelectual parisiense. Ocorreu-me, mais tarde, que eu tinha errado ao deixá-lo sozinho. Talvez ele tivesse gostado se eu lhe houvesse proposto tomarmos um chá, como ele fazia com sua mãe, e tivesse ficado um pouco mais. Nunca saberei se essa impressão era verdadeira, mas me arrependo de não ter seguido meu impulso de fazer-lhe companhia. A delicadeza às vezes leva à omissão. Como no caso narrado por Proust, daquelas irmãs que mandaram um presente para Swann, o qual ficou sem saber de onde ele vinha, tão discretas eram as remetentes.

Saí de lá com um sentimento de tristeza por vê-lo tão abatido. O dia estava escuro e começou a ventar. Passei por uma rua onde vários cartazes se descolavam das paredes e voavam pelo chão. Tive uma impressão sombria de fim de festa. De fato, aquela euforia dos anos 1960 e 1970 tinha acabado. As duas décadas seguintes seriam marcadas pela morte dos grandes mestres da teoria francesa (Lacan, Foucault, Lyotard, Deleuze) e por sua substituição pelos "novos filósofos", contestadores do "pensamento 68". Barthes foi o primeiro desses mestres a desaparecer.

Em fevereiro de 1980, ele foi atropelado por uma caminhonete, em frente ao Collège de France. Eu estava então nos Estados Unidos, na Universidade Yale, de onde os amigos seguiam, dia a dia, por telefone, as notícias de seu internamento. No dia 26 de março, Shoshana Felman, professora israelense muito ligada à França, me ligou e disse apenas: "*C'est fini*". Ele seria enterrado discretamente em Urt, na região de sua infância. Fiquei em estado de choque. Nos dias e semanas seguintes, caí numa profunda depressão. Dei-me então plenamente conta da importância de Barthes em minha vida e em meu inconsciente. Ele se tornara, para

SAMSON FLEXOR em 1969. Três anos depois de chegar a São Paulo, o pintor nascido na atual Moldávia e participante da Escola de Paris nos anos 1930 mudou a história da arte brasileira ao fundar o Atelier Abstração — onde Leyla começou a estudar em 1952.

O estado-maior do *nouveau roman* posa para a posteridade com SAMUEL BECKETT em 1959, diante da editora Minuit, em Paris. Da esquerda para a direita: ALAIN ROBBE-GRILLET, CLAUDE SIMON, CLAUDE MAURIAC, o editor JÉRÔME LINDON, ROBERT PINGET, BECKETT, NATHALIE SARRAUTE e CLAUDE OLLIER. Todos eles deram início a um movimento que renovou a literatura francesa e mundial, na mesma época em que Leyla, nas páginas do *Estadão*, dedicou numerosos artigos à produção do grupo.

MICHEL BUTOR em 1960, mesmo ano em que Leyla lhe dedicou seu primeiro ensaio longo no Suplemento Literário do *Estadão*. Dois anos depois, entrevistou o romancista de *Mobile* e se tornou sua amiga.

O grupo de *Clima* em 1941, ano do lançamento da revista: da esquerda para direita, em pé, ANTÔNIO BRANCO LEFÈVRE, DÉCIO DE ALMEIDA PRADO, PAULO EMÍLIO SALES GOMES e ROBERTO PINTO SOUSA. Sentados, ALFREDO MESQUITA, ANTONIO CANDIDO e LOURIVAL GOMES MACHADO. No final de 1958, Décio abriu a Leyla as páginas do Suplemento Literário do *Estadão*, idealizado por Candido, que, desde então, foi um incentivador de sua carreira universitária.

CLAUDE SIMON em 1967, ano em que publicou *Histoire*, romance vencedor do prêmio Médicis. Desde 1961, Leyla escrevia artigos sobre ele e trocavam cartas. O *nouveau romancier* nasceu em Madagascar, lutou na Resistência antinazista e recebeu o Nobel de literatura em 1985.

ALBERTINE SARRAZIN em 1966, quando publicou o premiado *La Traversière*. Seus romances de teor autobiográfico, dois dos quais escritos na prisão, superam pelo estilo a vulgaridade do tema. Sarrazin morreu em 1967, alguns meses depois de se corresponder com Leyla.

TZVETAN TODOROV em 2007. Nascido na Bulgária e cidadão francês por adoção, Todorov foi um dos intelectuais mais influentes dos últimos cinquenta anos. Em 1969, o teórico do estruturalismo fez conferências em São Paulo e, no Rio, foi com a amiga Leyla a um show de Wilson Simonal e a um ensaio de escola de samba.

"Tesouro nacional" da filosofia, da teoria e da crítica literária, o paraense BENEDITO NUNES revolucionou as leituras de Guimarães Rosa, Fernando Pessoa e Clarice Lispector. Publicou 23 livros, entre os quais *O dorso do tigre* e *A clave do poético*. Viveu sempre em Belém, onde, ao lado da esposa, Maria Sylvia, recebeu Leyla e lhe revelou a riqueza natural, intelectual e gastronômica de sua cidade.

OSMAN LINS em 1975, logo depois d publicar *Avalovara*. "Rebelde solitár o romancista de Vitória de Santo Antão tornou-se amigo de Leyla logo depois de chegar a São Paulo, em 1962. A edição francesa de *Nove, novena* teve prefácio da amig paulistana, que aproximou sua obra do *nouveau roman*.

Em 1982, LEYLA, o escritor cubano
SEVERO SARDUY e HAROLDO
DE CAMPOS no Café de Flore, em Paris.
"Sempramigos", a crítica literária
e o poeta concreto viajaram juntos
à Itália e à Inglaterra em 1970.
Jantaram com Umberto Eco em
Milão e almoçaram com Murilo Mendes
em Roma. Em Londres, visitaram
Caetano Veloso, então exilado.

JULIO CORTÁZAR em 1974, ano
da publicação de *Octaedro*.
Leyla o conheceu em Paris, em 1968,
ao entregar-lhe um pacote de livros
enviado por Haroldo de Campos.
Compartilhavam a paixão
por Lautréamont, autor franco-
-uruguaio que Cortázar garantia
ver frequentemente na rua — apesar
de ele ter morrido no século XIX.

ROLAND BARTHES em 1978. "Mestre de literatura" de Leyla, sua tradutora e amiga, um ano antes ele fora eleito ao prestigioso Collège de France sem nunca ter defendido uma tese universitária.

JACINTO PRADO COELHO em 1969 ou 1970. O crítico e professor português, especialista em Fernando Pessoa, tornou-se amigo de Leyla sob a égide do poeta de *Mensagem*, cujo *Livro do desassossego* pioneiramente editou.

LUCIANA STEGAGNO PICCHIO, filóloga, historiadora e estrela internacional da crítica literária, escreveu uma clássica *História da literatura brasileira*. Especializou-se na literatura da lusofonia e traduziu de Murilo Mendes a Jorge Amado. Dividia com sua amiga Leyla a paixão pela obra pessoana.

"Força da natureza", poeta e letrista, WALY SALOMÃO era baiano de Salvador e filho de pai sírio. Conheceu Leyla pessoalmente apenas em 2001, mas eram amigos telefônicos e epistolares desde os tempos da Tropicália.

JOSÉ SARAMAGO em casa, em Lisboa, em 1991, antes do autoexílio na ilha de Lanzarote. Leyla descobriu sua obra em 1985 e escreveu numerosos ensaios sobre o romancista português, de quem se tornou amiga.

PAULO LEMINSKI COM ALICE RUIZ em 1986. Poeta bandido e samurai latinista, o artista paranaense tinha como projeto estético "criar beleza com a linguagem". Amigo de Leyla, a quem numa dedicatória chamou de "mestra", foi radical na poesia e na vida, além de músico, crítico e tradutor.

CLAUDE LÉVI-STRAUSS em seu escritório, em Paris, em 1988. Sua antropologia estrutural influenciou gerações de etnólogos, linguistas e críticos literários. O autor de *Tristes trópicos* — que nos anos 1930 residiu em São Paulo — lecionou na USP e estudou os índios brasileiros. Em 1984, Leyla o visitou em Paris.

MAURICE NADEAU em 2006. Editor da prestigiosa *La Quinzaine Littéraire*, integrou a Resistência, foi militante comunista e historiador do movimento surrealista, além de crítico literário. Editou Roland Barthes e "descobriu" Samuel Beckett. Em sua revista, fundada em 1966, Leyla publicou diversos ensaios sobre literatura brasileira, portuguesa e francesa.

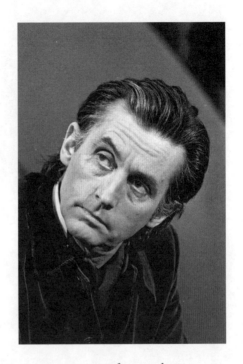

GILLES LAPOUGE em foto sem data.
O jornalista e escritor francês,
"amigo querido e constante",
viveu no Brasil nos anos 1950
e publicou mais de 10 mil artigos
no *Estadão*, que chamava
de "meu jornal". Responsável
pela apresentação de Leyla
a Roland Barthes e Maurice
Nadeau, escreveu com maestria
sobre assuntos tão distintos como
o tempo, as viagens e o amor.

JACQUES DERRIDA posando em Paris, em 1991. Três anos depois, o filósofo francês veio ao Brasil convidado por Leyla, ouvinte fascinada de suas aulas nos anos 1960.

EDUARDO LOURENÇO em 2015, em Lisboa. O ensaísta, detentor de numerosos prêmios e condecorações europeias, foi sepultado em 2020 com honras de Estado e dia de luto nacional. Autor do clássico *Fernando Pessoa revisitado*, gostava de passear com Leyla nos intervalos dos compromissos acadêmicos.

mim, mais do que uma referência intelectual; era uma presença afetiva muito forte. Somente na primavera, quando as flores começaram a brotar sob a camada de neve que ainda cobria New Haven, superei a primeira etapa de meu luto.

Em junho do mesmo ano, aproveitando as férias universitárias, fui passar alguns dias em Paris, e ali me aconteceram coisas muito estranhas, que passo a relatar. Cheguei num dia radioso de verão, vinda de Nova York. Era a primeira vez em doze anos que eu estaria ali "sem Barthes", isto é, sem ouvir seus seminários e sem conversar com ele. Durante a viagem, pensei muito nele e em sua morte. Os amigos próximos diziam que ele não queria sobreviver, que se deixou morrer, o que era possível considerando o estado depressivo em que o vi no último encontro. Para mim, a cidade nunca mais seria a mesma sem ele.

Bernard Aubert, um colega francês que tinha ensinado na USP e estava então em missão diplomática na Ásia, me oferecera seu apartamento parisiense, na Rue du Chemin Vert, no 11º Arrondissement. Ao chegar, eu devia procurar um casal idoso residente no mesmo prédio, que me daria as chaves. Desci do táxi com minha pequena valise e dirigi-me ao apartamento deles. Deparei-me ali com algo inesperado. A porta estava selada com uma fita e o brasão da polícia francesa. Até então, eu só conhecia esse selo pela literatura, referido em *Huis clos* de Sartre, por exemplo. Sabia que não anunciava nada de bom. Toquei a campainha do apartamento vizinho e uma mulher de bobes no cabelo entreabriu a porta, com ar desconfiado. Disse-lhe que estava à procura do casal ao lado. Ela respondeu sucintamente: "Estão mortos. Suicídio com gás. Não deixaram parentes". E fechou a porta na minha cara. Fiquei parada diante dessa porta, por alguns segundos. Depois, atordoada, pensei: "Vou procurar a polícia para pedir as chaves". E, imediatamente: "Que bobagem. Claro que não vão abrir para procurá-las. E que prova eu tenho de que o apartamento me seria emprestado? E será que ainda estou com vontade de ficar aqui?".

Peguei minha malinha e desci para a rua. Dirigi-me para uma avenida próxima, o Boulevard Voltaire, e sentei-me num banco à beira da calçada, para pensar no que ia fazer. Fiquei olhando as árvores verdes e o céu intensamente azul. Nunca havia estado tão desorientada em Paris. Foi então que ouvi um estrondo e vi à minha frente, praticamente a meus pés, um motociclista que um carro acabara de atropelar. Ele jazia estendido no chão. Acorreram várias pessoas e uma delas declarou: "Está morto!".

Percebendo depressa que, além de estar nos domínios da morte, eu era a principal testemunha do ocorrido, saí dali correndo e parei um táxi que passava (outro acontecimento inacreditável, pois todos sabem que é quase impossível achar um táxi livre na rua, em Paris). Pedi-lhe que me levasse ao Majory, um hotelzinho da Rue Monsieur le Prince, no Quartier Latin, onde eu já me havia hospedado. Quando chegamos ao endereço indicado, o motorista me disse: "Acho que a senhora não vai ficar aqui". Olhei para o prédio, e ele estava literalmente em ruínas. Apenas parte da fachada estava de pé. Viam-se os restos dos andares, com as marcas dos quartos nas paredes, cobertas por sobras de papel de várias cores, esmaecidas e esfarrapadas. O prédio tinha sido demolido para reconstrução.

Era muita experiência de morte num único dia. Entretanto, eu não me sentia ameaçada, somente perplexa. Desci do táxi e fui a um café, de onde telefonei para uma amiga contando o que me estava acontecendo. Ela gritou: "Que horror! Vem já para cá!". Foi o que fiz, e fiquei hospedada em sua casa até o fim de minha estada. O que isso tem a ver com Barthes? Não sei, mas me lembrei de seu ensaio "Estrutura do *fait divers*" (em *Ensaios críticos*, 1964):

> O cúmulo é a expressão de uma situação de má sorte. No entanto, assim como a repetição limita, de certa maneira, a natureza anár-

quica — ou inocente — do aleatório, a sorte e a má sorte não são acasos neutros, elas pedem invencivelmente certa significação, e logo que um acaso significa, não é mais um acaso; o cúmulo tem, precisamente, a função de converter um acaso em sinal, pois a exatidão de uma reviravolta não pode ser pensada fora de uma Inteligência que a realiza; miticamente a Natureza (a Vida) não é uma força exata; sempre que uma simetria se manifesta (e o cúmulo é a própria figura da simetria), deve ter havido uma mão para guiá-la: ocorre uma confusão mítica entre destino e desígnio [...]. Causalidade aleatória, coincidência ordenada, é na junção desses dois movimentos que se constitui o *fait divers*: ambos acabam, de fato, por recobrir uma zona ambígua onde o acontecimento é plenamente vivido como um sinal cujo conteúdo é no entanto incerto. Estamos aqui, por assim dizer, não num mundo do sentido, mas num mundo da significação: esse estatuto é, provavelmente, o da literatura, ordem formal em que o sentido é ao mesmo tempo proposto e sonegado: e é verdade que o *fait divers* é literatura, mesmo se essa literatura é considerada ruim.

"Causalidade aleatória" ou "coincidência ordenada", o fato é que fiz uma viagem sob o signo da morte e do luto, e tudo parecia convergir para o que eu sentia. Como escreveu Balzac em seu último romance, *O avesso da história contemporânea*, tudo aconteceu "por consequência do acaso, que às vezes é consequente".

Para compensar, no fim dessa curta temporada em Paris, ganhei um presente muito delicado. Quem me deu esse presente foi Severo Sarduy, de quem já falei. Autor de obras neobarrocas notáveis, Severo era um homossexual afetivo e dengoso, de olhos achinesados e boca carnuda. Quando eu lhe telefonava para transmitir algum recado de Haroldo de Campos, ele reagia a meu jeito expeditivo dizendo: "Espero que você também esteja me ligando para dizer que me ama!".

Marcamos um encontro para falar do apêndice que ele escreveria para o livro *Lautréamont austral*, preparado por mim naquele momento, em colaboração com Emir Rodríguez Monegal (1921-1985), notável crítico uruguaio, professor da Universidade Yale e biógrafo de Jorge Luis Borges. Severo me disse, ao telefone, que tinha um presente para mim. Encontramo-nos no Café de Flore, no Boulevard Saint-Germain, e ele não trazia nada nas mãos. Levou-me para uma mesa que havia previamente reservado. Disse-me então: "Agora, o seu presente. Nesta mesa, Roland e eu tínhamos o hábito de nos encontrar uma vez por semana. Na última vez em que estivemos aqui, tocamos em seu nome, e ele disse que *gostava muito de você*". As lágrimas começaram a brotar em meus olhos. Era impossível não amar Severo.

De volta a New Haven, desertada pelos estudantes em férias, mergulhei em minhas pesquisas na fabulosa Sterling Memorial Library. Quando as aulas recomeçaram, entrei em contato com Peter Brooks, titular do departamento de francês de Yale, que conhecia meus artigos publicados em revistas parisienses. Começamos a nos encontrar regularmente e ele me apresentou a Paul de Man, que dirigia o departamento de literatura comparada.

Belga de nascimento e formado em Harvard, Paul de Man (1919-1983) era um dos críticos e teóricos mais respeitados dos Estados Unidos. Ele tinha um vínculo forte com os estudos franceses. Foi o principal responsável por levar Jacques Derrida a dar aulas em Yale e, assim, pela extraordinária repercussão que teria a obra do filósofo nas universidades americanas. Naquele momento, Yale era conhecida como o feudo da "desconstrução", e a *French theory* estava no auge de seu prestígio no país.

De Man era aloirado, baixinho e discreto. Extremamente culto e cordial, era um grande conversador. Convidou-me para almoçar com ele no restaurante The Green, na praça central da cidade. Quando estávamos examinando o menu, ele me advertiu, com a ironia típica de um europeu: "Pode pedir qualquer coisa, tudo tem o mesmo gosto". Como nós conhecíamos as mesmas pessoas em Paris, e partilhávamos os mesmos princípios teóricos franceses, nossa conversa fluiu com muita facilidade e simpatia.

Dessa conversa resultou um convite muito honroso. Nenhum evento havia ainda sido realizado em homenagem a Barthes, que era muito estimado em Yale por professores e alunos. De Man propôs que eu falasse sobre ele numa sessão programada para ocorrer na famosa sala de literatura comparada, ocupada no passado por René Wellek e outros grandes scholars. Fiz ali a conferência intitulada "La Leçon" de Barthes, no dia 3 de novembro de 1980. Meu luto por Barthes estava feito, embora, como todo luto verdadeiro, para sempre inconcluso.

Jacinto, um senhor professor

Alguns encontros meus com pessoas notáveis ocorreram sob a égide de Fernando Pessoa. Desde 1974, quando publiquei meu primeiro artigo sobre o poeta, mantive intenso contato com especialistas de sua obra. Um deles foi um grande crítico e professor. Jacinto do Prado Coelho (1920-1984) fez toda a sua carreira na Universidade de Lisboa, da qual se tornou catedrático em 1953, com 33 anos. Foi diretor da Sociedade Portuguesa de Escritores, extinta pelo governo de Salazar, da revista *Colóquio/Letras* da Fundação Gulbenkian e da Academia de Ciências de Lisboa. Escreveu obras importantes sobre Camões, Camilo Castelo Branco, Garrett, Eça de Queirós e Fernando Pessoa. Editou, em 1960, um *Dicionário das literaturas portuguesa, galega e brasileira*.

Esse currículo resumido não diz o mais importante: ele foi um homem exemplar, por seu saber, por sua postura ética e por sua generosidade. Conheci-o em Lisboa quando eu era ainda muito jovem e pouco sabia a seu respeito. Baixinho e precocemente calvo, tinha uns olhos negros muito abertos para seus interlocutores. Aquele olhar direto e disponível era seu traço mais característico, e revelava muito de seu caráter. No livro coletivo *Os sentidos e o sentido: Literatura e cultura portuguesas em debate — Homenageando Jacinto do Prado Coelho* (1997), a mestra italiana Luciana Stegagno Picchio também falou de seus olhos, e melhor do que eu: "Quando penso em Jacinto do Prado Coelho, são os seus olhos a primeira coisa que me surge. Olhos ardentes, perscrutadores e ao mesmo tempo meigos, olhos de paz e amizade como janelas denunciadoras de um interior de fogo num corpo-habitação aparentemente burguês, tradicional, professoral mesmo".

Retomei contato com ele bem mais tarde, nos anos 1970, quando ele dirigia a *Colóquio/Letras*, da qual me tornei colaboradora. Esse contato se estreitou assim que comecei a escrever sobre Fernando Pessoa. Estivemos juntos nos primeiros congressos pessoanos e trocamos, naqueles anos, muitas cartas.

Em 1982, reencontrei Jacinto em Campina Grande, Paraíba, e esse reencontro foi dos mais proveitosos e divertidos de minha vida. Era o iv Congresso Brasileiro de Teoria e Crítica Literárias, organizado pela professora e escritora Elizabeth Marinheiro. Esses congressos, aos quais compareciam importantes intelectuais internacionais, eram uma saborosa mistura de encontro acadêmico e festa municipal, que contava com a presença de autoridades locais e um numeroso e variado público de cidadãos de Campina Grande. Moças da cidade ofereciam rosas aos congressistas. De dia, havia tempo para visitar feiras de artesanato, e à noite, animados forrós.

Jacinto do Prado Coelho, que acabara de editar o *Livro do desassossego* do semi-heterônimo de Pessoa, Bernardo Soares, era um dos convidados. Além de uma conferência plenária, ele ofereceu um curso sobre o *Livro*. O curso acontecia diariamente, nas primeiras horas da manhã, e lá ia eu, ainda mal acordada depois de uma noitada de forró, mas ávida daquelas informações. O *Livro do desassossego*, a meu ver a mais importante de todas as edições de inéditos de Pessoa, era o que mais me interessava intelectualmente naquele momento, e a oportunidade de ouvir seu editor era imperdível. E Jacinto tinha me trazido, ainda com a tinta fresca, o primeiro volume da obra.

O curso era frequentado por uma dezena de alunos, mulheres na maioria. Jacinto falava um português lisboeta muito rápido e desprovido de vogais, uma língua totalmente diversa do lento e aberto falar nordestino. Ora, no terceiro dia de aula, uma aluna levantou a mão e perguntou: "Professor, este curso não era para ser sobre Fernando Pessoa? Quem é esse Bernardo Soares de quem o senhor fala tanto?". A resposta do professor foi uma risada surpresa, seguida imediatamente da proposta de retomar o curso desde o começo.

Jacinto, que eu já chamava assim como amigo, tinha publicado, em 1973, um livro fundamental sobre Pessoa: *Diversidade e unidade em Fernando Pessoa*. A tese desse ensaio era a de que, apesar de sua diversidade heteronímica, há uma unidade essencial no poeta, revelada por recorrências temáticas e estilísticas. Ora, quando em 1974 publiquei meu primeiro artigo sobre Pessoa, eu ainda não havia lido esse livro, e nem me passava pela cabeça contestar a leitura de um ensaísta pelo qual eu já tinha muito respeito. Acontece que desde esse meu primeiro artigo, de inspiração psicanalítica, o que me parecia relevante era que a pluralidade de Pessoa se devia, não a uma riqueza essencial de sua personalidade, mas a uma falta de ego que ele procurou, em vão, suprir pela multiplicação em outros "eus". Apoiada em textos do poeta, eu procurava mostrar como, ao "estravasar-se" e "outrar-se", ele acabara por sentir a si mesmo como um "vácuo-pessoa", em outras palavras, como um sujeito inexistente.

Em 1983, aconteceu uma coisa que eu não esperava, por ser extremamente rara nos meios intelectuais e universitários, e ainda mais rara entre os especialistas de Pessoa, famosos por suas polêmicas. Apesar de minha leitura contradizer a sua, Jacinto publicou um artigo sobre meu livro no qual, sem deixar de exprimir algumas reservas, dizia que aquele seria "doravante um dos poucos livros indispensáveis para uma leitura produtiva (inteligente, sensível) de Fernando Pessoa". E não parou por aí. Em 1983, convidou-me para intervir em seu curso sobre Pessoa na Faculdade de Letras de Lisboa. Aceitei imediatamente.

Quando lá cheguei, passei por um momento de perplexidade semelhante à daquela aluna paraibana. Jacinto tinha ido esperar-me no aeroporto, e seguimos para a cidade em seu pequeno automóvel. Atravessamos estradas estreitas, quase campestres, com muita vegetação. A meio caminho, o condutor brecou e me disse algo como "chstoudchpstado". Custei a compreender que o enigmático conjunto de fonemas era "estou despistado", que em português brasileiro significa estar perdido ou em caminho errado. Isso não me preocupou, porque eu estava encantada com o reencontro da paisagem portuguesa sob seu inigualável céu azul, e porque eu confiava no motorista.

Mas, enquanto estávamos parados na estrada, aconteceu algo preocupante. Senti uma súbita vertigem, como se a paisagem se movesse levemente e o chão oscilasse. Seria um efeito tardio de minha viagem aérea? Não. Era nem mais nem menos do que um abalo sísmico de pequena intensidade, nada comparado ao grande terremoto do século XVIII, que destruiu parte da cidade e comoveu Voltaire. Foi o que me explicou meu amigo, num português agora totalmente compreensível. Depois de alguns segundos, a terra reencontrou seu eixo e o motorista, nosso caminho. Nada de mau poderia me acontecer naquela companhia.

O curso de Jacinto era uma pós-graduação frequentada por alunos que, uma década mais tarde, seriam alguns dos mais destacados críticos e escritores portugueses. Não os nomeio aqui por receio de esquecer algum. Logo que Jacinto me apresentou e me passou a palavra, declarei solenemente: "Apesar do que escrevi, acredito que Fernando António Nogueira Pessoa existiu, nasceu nesta cidade em 1888 e nela morreu em 1935, tendo sido visto por muitos de seus contemporâneos". Essa declaração quebrou a solenidade da aula.

Mas, muito mais do que isso, o que surpreendeu os alunos foi ver-me tratar o mestre por "Jacinto" e "você", enquanto todos o tratavam por "senhor Professor". Nós, brasileiros, somos de fato informais, e Jacinto já nos conhecia bem. Ele continuou a tratar--me formalmente por "a Leyla": "A Leyla não acha...?", "a Leyla escreveu...". Não era de seu estilo tratar-me por "tu" ou "você", mas não se aborrecia com minha informalidade. Muitos anos mais tarde, algumas das professoras portuguesas que, quando jovens, assistiram àquela aula me disseram que o que mais as havia impressionado era o modo descontraído como eu tratava o mestre.

Espero que elas também tenham guardado na memória a fecunda discussão que travamos nessa aula. Mais do que tudo, aquela discussão foi para mim memorável por realizar um ideal raramente alcançado numa discussão universitária: a exposição de pontos de vista divergentes com o intuito de encontrar respostas válidas, num tom absolutamente destituído da pequena vaidade do querer ter razão. Confesso que, pela vida afora, encontrei poucos colegas tão abertos à opinião alheia, tão honestos e delicados em suas discordâncias quanto esse "senhor professor" (coloque-se a ênfase em "senhor").

Seu filho Eduardo Prado Coelho (1944-2007) contou, num depoimento, que o pai lhe dera o seguinte conselho: "Mais importante do que um livro ser bom ou mau, é não magoarmos as pessoas. É tentarmos entender o que elas pretendiam fazer". O pai e o filho tinham em comum a grande inteligência, mas eram personalidades muito diferentes. Enquanto o pai era convencional em seu temperamento e conduta, Eduardo era extrovertido, midiático, vanguardista e muito divertido. Definia-se como "tudólogo", isto é, interessado por tudo.

Como o pai, foi professor universitário e deixou uma vasta obra de crítica literária, que lhe valeu vários prêmios. Nos anos 1990, quando ele foi conselheiro cultural na embaixada portuguesa de Paris, vimo-nos com frequência e participei, a seu convite, no catálogo da exposição sobre Pessoa da Europália 1991, evento realizado na Bélgica em homenagem a Portugal.

Jacinto do Prado Coelho pertenceu àquela espécie rara e hoje quase desaparecida dos amantes incondicionais da disciplina que ensinam. Em seu livro *Ao contrário de Penélope* (1976), há um lindo texto intitulado "Como ensinar literatura". Diz ele aí: "Não há disciplina mais formativa que a do ensino da literatura. Saber idiomático, experiência prática e vital, sensibilidade, gosto, capacidade de ver, fantasia, espírito crítico — a tudo isso faz apelo a obra literária, tudo isso o seu estudo mobiliza". E esta sábia afirmação: "A literatura não se fez para ensinar: é a reflexão sobre a literatura que nos ensina". Por essa postura apaixonada e modesta diante de sua disciplina, Jacinto formou outros bons professores de literatura e permanece como um exemplo para cada um de nós. Desde 1984, existe em Portugal um prêmio Jacinto do Prado Coelho para ensaios literários, recebido, desde então, por vários ex-discípulos seus.

Luciana, uma grande dama

Luciana Stegagno Picchio (1920-2008) foi uma filóloga e crítica literária italiana, especialista em literatura portuguesa e brasileira. Formada em arqueologia grega pela Universidade de Roma, lecionou em seu país, recebeu títulos de doutora honoris causa em universidades portuguesas e brasileiras, foi sócia correspondente da Academia de Ciências de Lisboa e da Academia Brasileira de Letras. Publicou centenas de obras, em especial (para nós) uma *História da literatura brasileira* editada na França, na Itália e no Brasil, além de ter sido tradutora de Gregório de Matos, de Murilo Mendes e outros poetas brasileiros.

Suas primeiras obras tratavam da literatura medieval portuguesa, mas foi como crítica e grande divulgadora da obra de Pessoa que a conheci. Luciana era uma *star*. Linda, desde a juventude até a velhice, tinha uma cabeleira ruiva flamejante, nariz delicadamente arrebitado e olhos travessos que se fechavam quando sorria. Era sobretudo elegante, nos gestos e no trajar. Italiana do Norte (piemontesa), vinha de uma família abastada e culta, e conheceu, desde a infância, escritores e intelectuais que visitavam seu pai advogado, germanista e poeta ocasional. Com a família, mudou-se para Roma e aí sofreu as dificuldades da guerra. Passou fome e, no fim do conflito, trabalhou como enfermeira. Casou-se com um médico e teve com ele dois filhos.

Nada parecia predispor aquela jovem italiana a ligar-se à língua e à cultura lusitanas. Mas o destino fez das suas. Conheceu alguns jovens matemáticos portugueses, que estagiavam com bolsas de estudo em Roma, e aos poucos aprendeu a língua, interessou-se pela literatura e pela política de Portugal. Tornou-se antissalazarista, claro. Foi, segundo ela contava, uma "aculturação" arrebatadora.

Visitou Portugal pela primeira vez, com o marido, em 1956. E, como tantos lusitanistas estrangeiros, voltou depois o seu olhar para o outro lado do Atlântico e interessou-se pelo Brasil, onde esteve pela primeira vez em 1959. Daí por diante, foi presença constante nos dois países. Ela costumava dizer: "Portugal é meu marido e o Brasil é meu amante". Tornou-se amiga de numerosos escritores e intelectuais dos dois países, todos mais ou menos apaixonados por ela.

Sua casa romana, na Via Civittà Vecchia, 7, foi durante longos anos um endereço frequentado por portugueses e brasileiros, ilustres ou simples estudantes. Num sofá dessa casa, forrada de livros até no banheiro, Mário Soares exilado dormiu muitas vezes. Luciana foi uma incansável democrata. Durante toda a ditadura salazarista, ela militou na Itália, distribuindo livros e folhetos proibidos em Portugal.

Dentre os muitos escritores cuja obra ela estudou ou editou, Fernando Pessoa foi um de seus preferidos. Em 1968, apresentou-o ao famoso linguista Roman Jakobson, e publicou, em colaboração com ele, uma análise do poema "Ulysses", de *Mensagem*, na revista francesa *Langages*: "Les oxymorons dialectiques de Fernando Pessoa" (republicado por Jakobson em seu livro *Questions de poétique*). Era o grande momento do estruturalismo e o linguista russo estava então no auge de sua fama. Essa análise teve enorme repercussão, a favor e contra. De qualquer modo, esse artigo contribuiu muito para que Pessoa fosse conhecido fora do mundo lusófono.

Depois dessa biografia resumida, quero contar alguns momentos especiais de meu contato com Luciana. Momentos que dizem muito da estrela que ela era. Em 1985, por ocasião do III Congresso Internacional de Estudos Pessoanos, em Lisboa, tive ocasião de conhecê-la mais intimamente. Antes mesmo do início do congresso, fui chamada ao seu quarto, no hotel em que estávamos todos hospedados. Encontrei-a recostada na cama e cercada por alguns jovens, todos ansiosos por servi-la. Parecia uma daquelas *précieuses* do século XII francês, que recebiam os *chevaliers servants* em seus aposentos. Grande problema: ela tinha esquecido em Roma sua trousse de maquiagem, e não poderia se apresentar em público sem usá-la. Auxiliado por mim, um dos solícitos ajudantes anotou a lista de produtos de beleza que ela ia enumerando, e saiu correndo para adquiri-los. A beleza de Luciana estava salva.

Dias depois, no mesmo quarto de hotel, ela reuniu algumas amigas entre as quais eu estava, e nos contou uma aventura sentimental. Não creio ser indiscreta ao narrá-la aqui, porque não fui a única ouvinte e a protagonista da história não nos pediu segredo. Contou-nos que, numa de suas temporadas em Lisboa, apaixonou-se por um português e viveu dias muito felizes com ele. Ela, que já era casada há anos e tinha uma existência respeitável em Roma, encantou-se com a experiência de uma vida mais precária, quase pobre, livre como a de uma estudante. Resolveu então abandonar a Itália para ficar definitivamente em Portugal, e escreveu ao marido comunicando a decisão.

Mas eis que o dr. Nino, o marido, irrompeu sem avisar no pequeno apartamento lisboeta em que ela estava vivendo e lhe disse: "Basta, Luciana. Pegue suas coisas e vamos para casa". E então, disse ela, ao rever aquele homem alto, elegante e decidido, seu idílio português se desfez como uma bolha de sabão. Ela arrumou as malas, voltou para Roma com o marido e nunca mais o deixou. Foram muito bem casados por 53 anos.

Numa outra noite, saímos as duas de um coquetel em que não havíamos comido quase nada. Era mais de meia-noite e estávamos famintas. Quando chegamos ao bairro do hotel, não havia nenhum restaurante aberto, as ruas estavam desertas e escuras. Só víamos uma luzinha acesa ao longe, diante da arena de touradas do Campo Pequeno. Dirigimo-nos para lá, e encontramos uma tenda em que se vendia algo fumegante. Era uma sopa de legumes e cheirava muito bem. Pedi imediatamente uma tigela. Luciana, envolta em seu impermeável forrado de pele, manteve-se um pouco afastada. Depois, aproximou-se desconfiada e pediu... um pacotinho de bolachas de água e sal. De nada adiantou eu lhe dizer que a sopa era ótima. A grande dama italiana não se dispôs a consumir aquela comida de rua.

No fim daquele congresso, seu organizador Arnaldo Saraiva convidou quatro dos participantes para uma mesa-redonda no Porto: Eduardo Lourenço, pessoano emérito, Ángel Crespo, poeta espanhol e biógrafo de Pessoa, Luciana e eu. Fomos de trem, de Lisboa ao Porto, alegres como colegiais em passeio da escola. Luciana tinha muito humor, mesmo quando falava de seus ídolos literários. Sobre Pessoa, ela dizia: "Não vejo grande diferença entre esses heterônimos; são todos homens, solteirões e deprimidos".

No mesmo ano de 1985, quando se celebrava o cinquentenário da morte de Pessoa, foi tomada a decisão oficial de fazer uma edição crítica de sua obra, que estava, até então, muito dispersa e textualmente controversa. Luciana foi indicada para dirigir essa edição crítica. Ela reunia todas as condições para realizá-la, pois, além de especialista na obra do poeta, possuía aquela formação filológica e edótica na qual os italianos se distinguem.

Antes de assumir suas funções, ela foi fazer uma visita ao espólio pessoano, na Biblioteca Nacional de Lisboa. Depois de ter ficado anos na famosa arca, finalmente os originais de Pessoa estavam catalogados e numerados. Entretanto, Luciana deu pela falta de alguns originais. Perguntou por eles à bibliotecária, e esta respondeu: "Esses estão com o professor Fulano, esses outros estão emprestados ao senhor ministro Sicrano…". Era o velho e mau hábito luso-brasileiro de abuso de autoridade. Luciana indignou-se: "Uma Biblioteca Nacional que se preze não empresta originais, nem mesmo ao presidente da República!". Nos dias subsequentes, já corriam boatos: "Uma edição crítica de Pessoa não pode ser dirigida por uma estrangeira". Pressionada, Luciana demitiu-se.

No congresso brasileiro que ocorreu depois do português, ela deu a resposta. Em sua comunicação, escolheu como objeto de análise o poema "Os Colombos", no qual Pessoa trata da descoberta da América: foram os portugueses que abriram os mares, mas foram os italianos que a descobriram e nomearam. Nas entrelinhas de sua análise, Luciana sugeria uma analogia com a "conquista" do território pessoano. O futuro só veio comprovar que a disputa por esse território seria constante. Atualmente muitos pesquisadores, dentre os quais vários estrangeiros, reivindicam sua posse. As variadas edições de Pessoa, críticas ou não, continuam a aparecer e a suscitar polêmicas. A resposta de Luciana, naquela ocasião já longínqua, foi um exemplo de ironia e de cortesia.

Em novembro de 1999, estive com Luciana pela última vez. A convite do professor Ettore Finazzi-Agrò, assisti a uma homenagem a ela na Universidade La Sapienza de Roma. Ela deixou muitos discípulos italianos, entre os quais o grande romancista

Antonio Tabucchi (1943-2012), que sob sua orientação especializou-se na obra de Pessoa, ao qual ele dedicaria mais tarde estudos e ficções.

Luciana faleceu em 2008. Nesse mesmo ano, estive num congresso sobre Pessoa em Lisboa. Para minha surpresa, na programação não estava prevista nenhuma homenagem a ela. Solicitei então aos organizadores a autorização para acrescentar, à minha comunicação, algumas palavras sobre ela. Foi o que fiz, e teria feito melhor se tivesse preparado essa fala, que improvisei com os recursos de minha memória. Poucos dos presentes a tinham conhecido e se lembravam daquela grande dama. O território pessoano já estava ocupado por uma nova geração, e os críticos, ainda mais do que os criadores, costumam enterrar seus predecessores.

Minha homenagem a Luciana foi pífia. Felizmente, ela recebeu homenagens muito mais importantes, em vida e pós-morte. Em 2001, o Instituto Camões publicou uma excelente fotobiografia com entrevista da mestra, editada por Alessandra Mauro. Nesse livro, há uma foto daquele evento no Porto ao qual me referi acima. A foto está erroneamente legendada: situa o encontro na Casa Fernando Pessoa, em Lisboa, e eu sou chamada de Lelia. Mas isso não tem importância. Em 2010, uma grande exposição em Lisboa lembrou sua vida e obra. Compareceram à inauguração Mário Soares, Antonio Tabucchi e outras personalidades. E, desde 2016, há em Lisboa uma rua Luciana Stegagno Picchio, no bairro do Benfica.

Em Montevidéu, "a coquete"

Por muito estudar a obra de Isidore Ducasse, em literatura Lautréamont, era fatal que eu travasse relações especiais com seu país de nascimento. Filho de um diplomata, o poeta nasceu no Uruguai, em 1846, numa época de forte imigração francesa no país. Montevidéu se encontrava então em estado de sítio, em virtude da Guerra do Prata. Ali viveu até os catorze anos, quando foi mandado para concluir seus estudos na França. Voltou apenas uma vez ao Uruguai, mas mantinha laços fortes com seu país natal. Morreu solitário e obscuro em Paris, aos vinte e quatro anos, numa cidade também sitiada, em razão da Guerra Franco-Prussiana. Deixou uma única obra poética, *Os cantos de Maldoror* (1968), que, por sua estranheza formal e sua ousadia semântica, foi exaltada pelos poetas surrealistas, nas primeiras décadas do século xx.

Nos *Cantos de Maldoror*, Isidore Ducasse assim se referia às suas origens: "O fim do século xix verá seu poeta [...]. Ele nasceu nas margens americanas, na embocadura do Prata, lá onde dois povos outrora rivais se esforçam atualmente para superar-se em progresso material e moral. Buenos Aires, a rainha do Sul, e Montevidéu, a coquete, estendem uma mão amiga através das águas argênteas do grande estuário".

Fiz mais de uma viagem a Montevidéu, mas a mais marcante foi a primeira, em 1982, quando fui convidada a falar da pesquisa que estava desenvolvendo com o crítico uruguaio Emir Rodríguez Monegal sobre o bilinguismo e a dupla cultura do poeta franco-uruguaio. O país vivia o fim da ditadura militar. Desembarquei no aeroporto de Carrasco, nome para nós, lusófonos, não muito animador. A prisão Libertad (nesse caso o nome é um oximoro) ainda tinha muitos presos políticos. Com problemas econômicos, o ambiente em Montevidéu era sombrio e a cidade parecia parada no tempo. Não tinha nada de "coquete", como a qualificara Lautréamont. Os belos edifícios antigos pareciam abandonados, o comércio era pobre e não se viam jovens nas ruas. Muitos deles estavam exilados ou, pior, tinham caído nas mãos da polícia ou desaparecido. Nos bairros residenciais afastados do centro, à noite, somente uma luzinha fraca iluminava as pequenas varandas das casas com cadeiras de baquelite vazias.

Mesmo assim, minha viagem foi muito divertida. Fiquei hospedada na casa da professora Lisa Block de Behar e tive, como companheiro constante, o poeta e músico montevideano Carlos Pellegrino (1944-2004), que contrastava, por sua animação e criatividade, com o clima tristonho da cidade. Entre outras observações, Carlos, que era também paisagista, dizia que os uruguaios eram como árvores enormes plantadas em vaso pequeno, por isso lutavam por espaço e cresciam tortas. A comparação valia para ele mesmo.

Carlos Pellegrino era uma pessoa especial, caracterizada por um de seus ex-alunos como "um renascentista na aldeia". De fato, sua cultura era vasta, e seu senso de humor, ainda mais. Raramente ri tanto como em sua companhia. "Falo tanto que canso a mim mesmo", dizia ele. Numa ocasião, em São Paulo, veio tomar chá comigo em companhia de Monegal. Sua agitação era tanta que, a certa altura, os três tínhamos mudado de lugar à mesa e esta ficou toda bagunçada. Parecia o chá do Chapeleiro Maluco de Lewis Carroll.

Com ele, visitei primeiramente os lugares ligados a Ducasse, na Ciudad Vieja. A casa onde o poeta nasceu não existe mais. Mas ainda existia o Hotel Pyramides, onde morou seu pai. Luxuoso no fim do século xix, um século mais tarde era um prédio decadente e suspeito. Fui também à catedral, vi a pia onde o poeta foi batizado, e andamos por uma linda praça antiga, com uma fonte no centro, miniatura exata das praças parisienses que Isidore conheceria tão bem em sua juventude. À beira do Prata (que não é prateado, mas acobreado), vi o monumento erguido em honra de Isidore Ducasse, Jules Laforgue e Jules Supervielle. Em virtude de uma forte imigração francesa no fim do século xix, também nasceram lá os dois últimos. Monegal, com seu talento humorístico, comentaria em nosso livro *Lautréamont austral* (1995): "Fui criado em Montevidéu e, desde muito jovem, me ensinaram que Lautréamont era um dos três poetas que o Uruguai havia 'dado' à França. Com o tempo, cheguei a pensar que nós, uruguaios, éramos excessivamente generosos com nossos poetas, pois (para dizer a verdade), tendo dado de presente esses três, não nos restaram muitos".

Além de duas conferências que fiz em locais universitários, estava prevista mais uma na Aliança Francesa de Montevidéu. E aí começaram os problemas. O diretor da Aliança, "de cujo nome não quero lembrar-me" (como diz Cervantes no começo de *Dom Quixote*), era um francês arrogante, que me recebeu com ar entediado e me disse: "Bom, vou ter de fazer sua apresentação. Então me diga o que você faz na vida". Eu comecei a dizer "Sou professora na Universidade de São Paulo..." e ele me cortou: "Basta.

Minhas apresentações são muito curtas". O clima entre nós não ficou muito bom, e logo piorou.

Estava previsto que dialogaria comigo um professor de literatura francesa que, segundo me havia informado Carlos Pellegrino, fora banido de suas atividades pelos militares. Ora, depois daquela antipática recepção, o diretor da Aliança me comunicou que o tal professor já estava lá, mas, por motivo de força maior (censura), não poderia falar. Eu reagi dizendo que, nesse caso, eu também não falaria.

Criou-se um impasse. Tentando me acalmar ou me intimidar, o diretor me disse: "A senhora tem sorte, o senhor embaixador da França veio ouvi-la e eu vou apresentá-la a ele". O embaixador estava numa sala à parte e eu, de cara feia, acompanhei o diretor. Quando entramos na sala, me deparei com Pierre de Boisdeffre, aquele crítico cuja obra eu havia lido em minha juventude e que eu conhecera pessoalmente três anos antes, na Bahia. O embaixador abriu os braços e disse: "Madame Perrone, que prazer revê-la!". Por essa o diretor da Aliança não esperava. Nem eu.

Conversando com Boisdeffre, aproveitei para lhe dizer que estava contrariada pela situação do professor uruguaio proibido de falar. O embaixador usou imediatamente de seu poder e disse ao diretor que o professor podia falar, porque a Aliança é uma instituição francesa e, como tal, livre. Convém lembrar que, naquele momento, o governo socialista de Mitterrand fazia o que podia para apoiar os latino-americanos perseguidos pelas ditaduras.

Afinal, fiz a conferência, dialoguei com o professor uruguaio, que era muito culto e discreto. No fim da conferência, o embaixador convidou, a mim e ao Carlos, para almoçar em sua *résidence* no dia seguinte. E lá fomos nós. A casa do embaixador era lindíssima, sua sala se abria para um imenso jardim onde ele nos recebeu sozinho. Carlos deixou de lado sua personalidade de agitador cultural e encarnou seu alter ego imaginário: Carlo Pellegrini, segundo ele um italiano do Norte, finíssimo.

Agora convém dizer qual tinha sido, de fato, minha relação anterior com o embaixador. Pierre de Boisdeffre (1926-2002), mais do que crítico literário, era um diplomata de grande prestígio. Dono de vários diplomas e várias condecorações, ele ocupou cargos importantes; entre outras coisas, foi embaixador permanente da França no Conselho da Europa. Na data dos fatos que estou relatando, ele tinha 56 anos, era um senhor baixinho e calvo. Católico fervoroso, foi muito ligado ao ex-presidente Charles de Gaulle. Como ensaísta literário, publicou dezenas de livros, dedicados majoritariamente a escritores católicos de direita.

Sua ascendência, de que só tomei conhecimento mais tarde, explicava muito de sua ideologia. Ele era neto de um general do século XIX, Raoul Le Mouton de Boisdeffre, que, depois de exercer cargos diplomáticos importantes, ficou famoso por ter sido um dos principais acusadores no caso Dreyfus. Quando foi revelada a falsidade das provas apresentadas contra Dreyfus, ele se aposentou. Seu neto não tinha, originalmente, seu sobrenome; mas fez questão de adotá-lo, apesar da reprovação geral que ainda pesava sobre o avô. O que faz supor que ele se orgulhava dessa ascendência.

Em 1979, na Bahia, participamos da mesma mesa num congresso de professores universitários de francês. Boisdeffre fez então uma conferência sobre a literatura francesa no século XX, da qual era especialista. Tudo corria muito bem, até que ele fez uma observação sobre Albert Camus: "Aquele pobre rapaz, que veio da Argélia, juntou-se a más companhias em Paris e acabou mal". As más companhias a que ele se referia eram Sartre e outros escritores de esquerda. Nos debates que se seguiram, eu fiz questão de observar: "O senhor falou depreciativamente de Camus, mas devo dizer que ele não acabou mal, como o senhor afirmou. Recebeu o prêmio Nobel de literatura e a admiração internacional". Boisdeffre não respondeu e eu pensei que nunca mais o encontraria, e que, se o reencontrasse, ele não gostaria muito de mim. Ora, quando nos reencontramos em Montevidéu, ele me surpreendeu.

Depois do almoço na *résidence*, falamos de literatura. Comentei que ele deveria ter muitos documentos de escritores. Ele me respondeu que tinha muitas cartas preciosas, sobretudo as do general De Gaulle e de André Malraux. Provocadora, eu lhe perguntei se ele tinha alguma carta de Camus. Ele me respondeu: "Sim, quando eu estava escrevendo *Une histoire vivante de la littérature d'aujourd'hui*, ele respondeu por cartas às minhas perguntas. Mas não guardei essas cartas. Para ganhar tempo, eu recortei partes delas e as colei no manuscrito de meu livro". Estava reafirmada sua ignorância com respeito à importância de Camus e ao valor (até mesmo monetário) que suas cartas teriam no futuro.

Ainda no jardim, após o almoço, Carlos Pellegrino e eu assinamos solenemente o "livro de ouro" em que o embaixador registrava seus visitantes. E mais ainda: ele pediu a um empregado sua máquina fotográfica e encarregou-o de fotografá-lo em minha companhia. Portanto, em algum lugar talvez ainda exista uma foto minha abraçada com Pierre de Boisdeffre, como amigos íntimos. Por sua gentileza naquela ocasião, ele provou que não apenas era um bom diplomata, mas também que, pondo de lado nossas discordâncias, era uma pessoa cordial. Depois de toda a cerimônia do almoço, Carlos e eu saímos de lá finalmente descontraídos, rindo muito como colegiais na hora do recreio.

Num outro dia, o mesmo Carlos Pellegrino me ofereceu uma experiência inesquecível. Levou-me para visitar uma escritora uruguaia que havia causado polêmicas em meados do século xx. A escritora era Armonía Somers (1914-1994), autora de obras surrealistas, cheias de violência e erotismo: *La mujer desnuda* (1950) e *El derrumbamiento* (1953), entre outras. Os críticos da época receberam mal sua obra. O primeiro livro saiu de circulação e, com o passar do tempo, se tornou lendário. A partir dos anos 1970, ela recebeu vários prêmios e, no fim de sua vida, foi reconhecida como uma escritora originalíssima, comparável a Silvina Ocampo, Maria Luisa Bombal e Clarice Lispector.

Consta que ela sempre foi misteriosa, desde seu nome, que era um pseudônimo, até os fatos de sua vida, que ela narrava de modo vago. Consta também que ela se negava a ser fotografada. Os mistérios da romancista eram, em parte, uma proteção contra as reações hostis que sua obra despudorada provocou na pacata e machista sociedade uruguaia de sua época. Escritora feminista *avant la lettre*, Armonía Somers estava décadas à frente de seu tempo. A par de sua atividade de escritora, ela foi uma especialista em educação de jovens, muito respeitada nessa área. Em vez de se desnudar, como sua personagem, Armonía se encobriu e se retirou do mundo.

A escritora morava no emblemático Palácio Salvo, arranha--céu de 27 andares construído pelo arquiteto italiano Mario Palanti, em 1928. É um edifício extravagante, em estilo neogótico, com várias torrezinhas e muitos ornamentos, que foi durante algum tempo o mais alto da América do Sul. O apartamento da escritora ficava no 16º andar. Seu interior, com janelas pequenas de madeira e lareira, parecia mais o de um *cottage* inglês do que o de um arranha-céu moderno.

Em 1982, Armonía estava com 68 anos. Era uma mulher miúda, com um rosto expressivo cujos traços ainda revelavam a bela jovem que havia sido. Recebeu-nos em companhia do marido, Rodolfo Henestrosa, um senhor corpulento de sobrancelhas e bigodes muito pretos. Apesar de sua aparência um pouco ameaçadora, ele se revelou tão hospitaleiro quanto a esposa. Parecia preocupado, sobretudo, com servi-la e protegê-la. Sei hoje, o que não sabia então, que ela sofria de uma inflamação crônica da pleura, o que lhe dava aquele ar tão frágil.

Ficamos ali os quatro, tomando chá e conversando sobre a vida e a obra da anfitriã e de outros escritores uruguaios, sobretudo de seu amigo já falecido, o grande contista Felisberto Hernández (1902-1964), precursor de Cortázar e outros argentinos no gênero fantástico. Tudo decorria muito tranquilamente, como se estivéssemos de volta àquele tempo passado em que Montevidéu tivera uma vida cultural tão intensa e sofisticada quanto a de Buenos Aires. Foi então que a reunião se tornou muito estranha.

Naquele momento, o Palácio Salvo estava sofrendo algumas reformas. Mais precisamente: em vez de restaurá-lo, estavam removendo alguns de seus múltiplos ornatos exteriores, que tinham começado a cair, ameaçando os pedestres. Subitamente apareceram, na janela daquele andar altíssimo, dois operários com suas marretas. De pé sobre os andaimes, sem nenhuma proteção, eles apoiaram os cotovelos no beiral de uma das janelas e nos cumprimentaram cordialmente. O marido da escritora ofereceu-lhes coca-cola, eles aceitaram e ficaram ali bebericando e ouvindo a conversa. Parecia que estávamos na sala de uma casa antiga e os "criados" no jardim, muito à vontade.

No fim da visita, Armonía me ofereceu um presente precioso: um exemplar numerado de *La mujer desnuda*, com a seguinte dedicatória, escrita com tinta roxa: "Para Leyla, ainda com a magia deste encontro na Torre, Armonía. 21/X/82". O encontro foi mágico, sobretudo para mim, que conheci uma grande escritora da qual, injustificadamente, nunca ouvira falar. E, de quebra, visitei um prédio muito curioso.

Na verdade, o Palácio Salvo, ícone de Montevidéu, é uma monstruosidade arquitetônica. Não sou só eu quem o diz. O escritor Mario Benedetti escreveu a seu respeito: "É tão, mas tão feio, que deixa a gente de bom humor". Hoje em dia está fechado à visitação. Os numerosos enfeites originais, alguns dos quais vi sendo destruídos, nunca foram totalmente decifrados. Parece que muitos deles eram símbolos maçônicos. Contam-se, a respeito do edifício, histórias de vozes misteriosas e fantasmas. Um desses espectros, chamado pelos montevideanos de Don Pedro, é um senhor muito elegante e cortês, que carrega sempre um guarda-chuva. É um fantasma camarada, pois não ameaça ninguém e já teria salvo vários moradores em situação de perigo. Sua atividade de salva-vidas talvez se relacione com o nome do edifício. Mas por que o guarda-chuva, se ele não sai do prédio? Montevidéu é realmente uma cidade estranha e cativante, propícia aos escritores fantásticos como Lautréamont, Felisberto Hernández e Armonía Somers.

Leminski, o samurai malandro

Paulo Leminski (1944-1989) fazia poesia, e "a poesia que fazia/ tinha tamanho família". Fazia poesia em tempo integral, com qualquer instrumento de escrita e em qualquer suporte, e mesmo sem. Porque Leminski fazia poesia com seu próprio corpo, com sua própria existência. Fazia poesia quando líamos seus poemas e fazia poesia quando estávamos em sua presença. Ele próprio disse: "O primeiro personagem que um escritor cria é ele mesmo". E esse personagem se impunha fisicamente, por sua gesticulação exuberante, por sua voz forte.

Apesar das errâncias existenciais, Leminski tinha um projeto firme e claro. Em suas entrevistas, ele o explicitava: "Criar beleza com a linguagem". Ele tinha consciência de que, para cumprir esse projeto, precisava ser "um poeta equipado", isto é, um poeta nutrido por várias línguas e vários saberes e, sobretudo, pelas tradições poéticas que ele pretendia renovar. Sabia também qual era a sua técnica pessoal, inspirada naquelas que aliam o corpo e o espírito: "Tirar de dentro de você tudo o que é necessário no momento decisivo, num movimento fiel ao movimento interior, como num golpe de caratê". Assim eram seus poemas: golpes perfeitos, *ippons*.

A primeira visão que tive do poeta foi sua aparição no limiar de uma porta da Faculdade de Letras da Universidade do Paraná, onde eu fazia uma conferência em 1982, já não sei sobre o quê (Barthes? Pessoa?). Com um pé dentro da sala e outro fora, o corpo atlético apoiado com o ombro direito no batente da porta, de um jeito meio clandestino, o rosto à sombra de um boné e a boca coberta por um bigodão.

O que eu sabia de Leminski, naquele momento? Por meus amigos poetas concretos, sabia que ele era muito bom em seu ofício. Sabia também que, alguns anos antes, ele tinha levado uma conferencista da Universidade de São Paulo à beira das lágrimas, pela virulência de sua intervenção. A postura prudente, naquela porta entreaberta, mostrava sua desconfiança com relação à academia. No fim da conferência, ele me fez uma pergunta, chamando-me de "professora". Por isso eu escrevi, mais tarde, que quando ele me chamava de "professora" não era em tom de apreço. Mas a pergunta que ele me fez não era impertinente, nem no conteúdo, nem no tom.

No fim da sessão fui ter com ele. Não me lembro se existia um acordo prévio, via concretos. Minhas lembranças dão então um salto, e já me revejo com ele e Alice Ruiz na casa do Pilarzinho. A casa de madeira, situada numa zona quase rural, era uma residência rústica, mas ampla e acolhedora, com almofadas no chão e uma simpática desordem de livros e papéis.

Alice era uma linda mulher, morena e miúda, com um cabelão esvoaçante e um largo sorriso: "Uma moça polida levando uma vida lascada". Essa autodefinição basta para comprovar, para além de sua aparência, sua qualidade de poeta. Paulo, visto de perto, era também bonito. Por detrás dos óculos, tinha uns olhos verdes de gato, e sob o bigode os lábios eram polpudos, sensuais:

"O sol escreve em tua pele o nome de outra raça". Por parte do pai, tinha sangue polonês, e por parte da mãe, sangue negro. Assumia um ar de durão, de "cachorro louco que deve ser morto a pau e pedra". Mas, quando sorria, tinha covinhas: "Cada manhã que nasce/ me nasce uma rosa na face".

Não me lembro de termos falado de literatura ou de poesia. A única lembrança que tenho, para sempre muito viva, foi de eles terem me falado de Miguelzinho, o filho de dez anos que tinham perdido. Mostraram-me fotos dele e o livro de seus poemas. Contaram-me coisas que ele fazia e dizia. Embora já pacificada, era uma dor tão grande que ocupava a casa toda e deixava sem palavras quem a testemunhava. A presença ainda viva daquele menino me atingiu em cheio, de modo que qualquer outra lembrança daquela visita se apagou em minha mente.

Por isso também não sei mais como nos despedimos. Os objetos duram mais do que as lembranças: "As coisas, que mais perduram" (Guimarães Rosa). Dois livros ficaram em minhas mãos: *Navalhanaliga*, de Alice, e a edição Zap de *80 poemas* de Paulo. Dois livros daqueles para guardar, livros dos quais nunca me desfiz ou me desfarei. Não sei por quê, Alice não me dedicou seu livro. Talvez porque nele só coubesse a dedicatória impressa: "Para Miguel Ângelo Leminski/ não era ainda pessoa/ e já sonhava/ não é mais pessoa/ e ainda sonha". O poeta autografou o seu: "Leyla, é vida, viva!!! ab raços [sic] Leminski". O contrário de um encontro em que falamos da morte.

Quando saiu *Caprichos & relaxos*, em 1983, a maioria daqueles poemas já fazia parte de meu repertório pessoal de leitora. O artigo que então publiquei, "Leminski, o samurai malandro", foi escrito com entusiasmo, de um jato, sem correções. A maior alegria de um crítico literário não é, como pensam alguns, pontificar e falar mal, mas encontrar, de repente, um grande livro. Não tive resposta direta do autor, mas no ano seguinte recebi pelo correio outro livro dele, *Agora é que são elas*, com esta dedicatória: "Leila, mestra, amiga, é vida, viva!!! Leminski, 84". Dedicatória quase igual à anterior, exceto que a professora foi promovida a mestra, e a conhecida, a amiga.

Continuei tendo notícias indiretas de Alice e Paulo, recebendo ou comprando os livros de ambos. Naqueles anos 1980, a editora Brasiliense sob a direção de Caio Graco Prado e do jovem Luiz Schwarcz estava publicando os livros mais interessantes do período, e criando coleções inovadoras como a Encanto Radical, na qual, como Leminski, colaborei. O poeta escreveu sobre Jesus, Bashô e Cruz e Souza, enquanto eu publiquei os volumes sobre Barthes e Lautréamont. Foi também a Brasiliense que acolheu minha edição do *Livro do desassossego*, de Fernando Pessoa, em 1985. Sobretudo em função desse livro, que foi cuidadosamente programado e editado, eu ia frequentemente conversar com Luiz e Caio.

Numa dessas idas à editora, tive a surpresa de cruzar com Leminski, que estava então radicado em São Paulo. Confesso que levei um susto ao ver sua mudança física. Estava muito magro e abatido. Separado de Alice, ele se encontrava visivelmente entregue a um processo de autodestruição. Embora ele mantivesse toda a sua inteligência e todo o seu carisma, foi com muita pena que notei sua decadência corporal. Em 1987, fui para Paris dar aulas na Sorbonne e fiquei longe do Brasil por dois anos. Apesar daquele prenúncio em meu último encontro com o poeta, foi um choque receber, em 1989, a notícia de sua morte. Como outros grandes poetas — Rimbaud, Nerval, Baudelaire, Pessoa —, Leminski morreu com menos de cinquenta anos.

Leminski foi radical, na poesia e na vida ("na vida ninguém paga meia"). Diferente dos outros gêneros literários, que podem produzir obras medianamente interessantes, a poesia não conhece meio-termo. Um poema é poesia, ou não é nada. Se o alvo não é atingido, foi apenas um tiro n'água. Os poemas de Leminski são certeiros: "Passageiro solitário/ o coração como alvo,/ sempre o mesmo, ora vário,/ aponta a seta, sagitário/ para o centro da galáxia".

Em 2013, o êxito editorial de *Toda poesia*, suas obras completas, me deu muita alegria. A gente quase volta a crer quando um livro de poesia entra para a lista dos mais vendidos, e foi o que aconteceu com esse. Também na internet, a acolhida dos poemas de Leminski pelas novas gerações é a prova de que sua obra, embora tão marcada pela época em que foi escrita, não era circunstancial, não era pura sacada de publicitário, mas poesia duradoura. Ele já tinha previsto: "Diga minha poesia/ e esqueça-me se for capaz/ siga e depois me diga/ quem ganhou aquela briga/ entre o quanto e o tanto faz". Vitória arrasadora do quanto.

Waly furacão

"Raymond Roussel! Raymond Roussel! Raymond Roussel!", gritava o passageiro de braços abertos no corredor do avião. As pessoas sentadas olhavam para trás, procurando seu interlocutor, e depois ficavam surpresas ao ver que era a mim que ele se dirigia. O exuberante recém-chegado na aeronave era Waly Salomão (1943-2003), que tinha lido naquela manhã um artigo meu na *Folha de S.Paulo* sobre o escritor francês. O avião ainda estava estacionado no aeroporto de Guarulhos, aguardando permissão para decolar. Nosso destino era a Cidade do México, de onde iríamos para Guadalajara, representando o Brasil na xv Feria Internacional del Libro de Guadalajara, em novembro de 2001.

Filho de pai sírio e mãe baiana, Waly era uma força da natureza. Sua grande boca cheia de dentes parecia ora querer devorar o mundo, ora proferir palavras proféticas. Ele não falava: anunciava, proclamava a altos brados. O título de seu primeiro livro, *Me segura que eu vou dar um troço*, sugeria seu comportamento habitual. Sua energia e seus múltiplos talentos fizeram dele um ícone da cultura brasileira, num de seus melhores momentos.

Eu conhecia Waly desde os tempos da Tropicália (1967-1969), movimento musical cuja importância em nossa cultura não é preciso ressaltar. Em 1974, foi editada a fantástica revista *Navilouca*, "primeira edição ÚNICA", idealizada por Waly e pelo poeta piauiense Torquato Neto. Este não chegou a ver a revista publicada, pois suicidou-se em 1972. *Navilouca* era uma revista de poesia experimental (próxima dos concretistas paulistas) e, ao mesmo tempo, de cultura pop. Na revista, havia textos e fotos de grandes nomes da arte brasileira, como Hélio Oiticica e Lygia Clark, e de jovens poetas como o próprio Waly, que nela figura sob os pseudônimos de Waly Sailormoon e Marujeiro da Lua. A revista punha, lado a lado, o trio concretista, Haroldo e Augusto de Campos e Décio Pignatari, e cineastas underground como Zé do Caixão. Essa mistura improvável de alta cultura e contracultura aproximava Waly de Leminski, como ele poeta culto e "marginal", como ele exagerado na fala e na gesticulação.

Naqueles anos e nos seguintes, Waly foi parceiro de grandes nomes da música popular brasileira: Caetano Veloso, Maria Bethania, Gal Costa, Jards Macalé, Cássia Eller, Adriana Calcanhoto e outros. Quando Gilberto Gil assumiu o Ministério da Cultura, em janeiro de 2003, convidou Waly para ser secretário nacional do Livro, cargo que ele ocupou por pouco tempo, mas com muito empenho. Uma de suas propostas era a inclusão de um livro na cesta básica dos brasileiros. Nesse período, ele ainda encontrou tempo para atuar no filme de Ana Carolina, *Gregório de Matos*. Ninguém melhor para personificar aquele poeta conhecido como "boca maldita" do que Waly, e ninguém melhor que o grande poeta barroco para coroar a carreira prolífica desse moderno poeta da Bahia.

Por intermédio dos irmãos Campos, eu sempre ouvia falar de Waly, e tive breves contatos com ele nos anos 1970 e 1980. Quando ele ainda morava em Salvador, sempre me convidava a ir experimentar a famosa cozinha baiana de sua casa. Infelizmente, cada vez que eu ia à Bahia, Waly estava viajando. Entretanto, não nos perdíamos de vista, e muitas vezes conversávamos por telefone.

Daí a intimidade com que ele me abordou naquele voo para o México. Desde uma longa e penosa escala noturna na capital mexicana, esperando uma conexão, estivemos sempre juntos nessa viagem. Em Guadalajara, ficamos hospedados num simpático hotel no centro antigo da cidade. Outros convidados da comitiva brasileira, mais esnobes, ficaram num cinco estrelas afastado. Azar deles, porque perderam momentos de adorável convívio com Waly e Jorge Ben Jor, também hospedado no hotelzinho.

Jorge Ben Jor, outra estrela da cultura brasileira, mostrou-se de uma simpatia e uma modéstia características daqueles que não precisam provar mais nada. Diante de sua aparência extremamente jovem, eu custava a acreditar que aquele era o compositor e cantor que eu ouvia em minha própria e já longínqua juventude ("Chove chuva, chove sem parar..."). Uma de suas iniciativas, durante nossa estada em Guadalajara, foi "sagrar" Waly "cavaleiro de São Jorge", vestindo-lhe uma capa e um gorro vermelhos que o baiano passou a usar todos os dias, para espanto dos outros hóspedes do hotel.

Num dia livre da Feria del Libro, Waly e eu decidimos fazer um pouco de turismo. Juntou-se a nós Renato Janine Ribeiro, meu amigo e colega da Universidade de São Paulo. Visitamos os monumentos da cidade, contemplamos o mural de Orozco no Hospicio Cabañas, classificado como patrimônio mundial pela Unesco. Como ainda tínhamos tempo, resolvemos ir, os três, à cidade vizinha de Tlaquepaque, cujo nome sonoro encantou Waly. Os gritos de "Raymond Roussel!" e "Salve Jorge!" foram então substituídos por "Tlaquepaque! Tlaquepaque!".

A cidadezinha era muito agradável, com cafés ao ar livre, num dos quais nos abancamos. O único problema é que Tlaquepaque, como a vizinha Guadalajara, é a terra dos mariachis, aqueles cantores de *sombrero*, que nos perseguiam por toda parte com seus "ai-ai-ais". Fugindo dos mariachis, visitamos o mercado local e terminamos nosso périplo numa vasta praça equipada com cadeiras e bancos de formas fantásticas, criadas pelo escultor Alejandro Colunga. Waly corria entre elas com grande entusiasmo, e fixamos o momento fotografando-nos uns aos outros sentados nelas. Numa dessas fotos, eu estou sentada numa cadeira provida de grandes orelhas humanas (*silla orejona*), e Waly está de pé atrás de mim, ironicamente muito sério. É como se eu estivesse de orelhonas abertas para captar os brados do poeta.

Ao fim da viagem, nos despedimos prometendo nos reencontrar. Em maio de 2003 eu soube, pelos jornais, do falecimento de Waly. Algum tempo depois, sua viúva Marta me telefonou do Rio convidando-me para escrever a orelha de um livro que ele deixara inédito: *Pescados vivos*. Ela me disse que esse era um desejo do poeta. Emocionada, aceitei de imediato.

Reagindo contra a inclusão de seu nome na categoria congelada de "geração 70", Waly proclamava: "Eu não sou um fóssil, sou um míssil". Seu último livro de poesia o mostrava em plena turbulência, pronto para novas decolagens. De fato, nenhuma etiqueta colava em Waly; ele se mexia demais. Ele também não gostava de ser incluído na "poesia marginal" feita, segundo ele, por "poetastros ignorantes em matéria de poesia".

A sua é o fruto bem temperado daquela mistura que tornava o homem poeta tão cativante: ladrão de Bagdá e cozinheiro baiano, piadista de Jequié e "leitor luterano" de Drummond, profeta de desastres telúricos e cidadão solidário, atento às pequenas misérias do cotidiano brasileiro. E sobretudo poeta. Poeta solto, agora, no espaço sideral: "Minhas brutas ânsias acrobáticas/ que suspensas piruetam pânicas/ nas janelas do caos/ se desprendem dos trapézios e, tontas, buscam o abraço fraterno e solidário dos espaços vácuos". Os espaços da Terra eram muito pequenos para abrigar os voos pessoais e poéticos de Waly Salomão. Seu percurso terreno foi muito curto para tanto talento: cinquenta e nove anos muito intensos. Deixou-nos um conselho: "Leitor, eu te reproponho/ a legenda de Goethe:/ Morre e devém.// Morre e transforma-te".

José Saramago, o homem do "não"

A biografia de José Saramago (1922-2010) é tão rica de acontecimentos, intervenções políticas, obras, prêmios, homenagens e viagens que, se eu a resumisse, estaria repetindo o que é de conhecimento público, sobretudo através da internet, onde ele tem milhões de entradas.

Saramago conseguiu realizar uma proeza raríssima na literatura moderna: ser um escritor original e inovador, respeitado pela crítica especializada, objeto de pesquisa em universidades de vários países, e ter tido imediatamente um vasto público leitor, nos países de sua língua e em todos aqueles em que foi traduzido.

Como crítica literária, escrevi e publiquei muitos ensaios sobre seus romances. Mas o que desejo lembrar aqui é o homem José Saramago, de quem tive a honra e a alegria de ser amiga. Descobri a obra de Saramago em 1985. Naquela década, eu estava quase que exclusivamente dedicada à obra de Fernando Pessoa, e chamou-me a atenção uma notícia sobre o romance *O ano da morte de Ricardo Reis*. Adquiri o livro, que ainda não estava editado no Brasil, e em novembro daquele ano publiquei um artigo no *Jornal da Tarde*: "Saramago e um sobrevivente: Ricardo Reis".

Algum tempo depois, ainda na década de 1980, vi o escritor pela primeira vez. Eu estava no campus da Universidade de São Paulo, almoçando no clube dos professores com alguns colegas, quando um casal se aproximou de nossa mesa: um homem já maduro, alto, calvo, com grandes óculos e uma jovem mulher muito bonita. Eram José Saramago e Pilar del Rio, ainda em clima de lua de mel. A felicidade de ambos era visível a olho nu. Trocamos algumas palavras com eles, e eu disse ao escritor que havia publicado um artigo sobre seu romance. Ele me deu seu endereço em Lisboa, enviei-lhe uma cópia do artigo e ele me respondeu.

Numa data de que já não me lembro, reencontrei-o em Paris, onde assisti a uma conferência na qual ele exprimia sua desconfiança com respeito à União Europeia. Para ele, essa União era apenas uma grande empresa comercial que considerava os homens unicamente produtores e consumidores. Além disso, ele previa que essa União desrespeitaria a autonomia das nações, e que estas ficariam submetidas à Alemanha. A conferência causou espanto, pois a França era então uma das nações mais entusiasmadas com a União Europeia e o euro. O escritor, que se declarava "eurocéptico", tinha publicado *A jangada de pedra*, romance fantástico no qual a península ibérica se descola da Europa e desce Atlântico abaixo em direção à África e ao Brasil.

Em janeiro de 1992, publiquei outro artigo, agora sobre *O evangelho segundo Jesus Cristo*, na *Folha de S.Paulo*. O romance tinha causado polêmicas, fora condenado pela Igreja católica e impedido, pelo governo português, de concorrer a um prêmio europeu. Incomodava os censores o fato de um escritor declaradamente comunista transformar Jesus e o próprio Deus em personagens pouco canônicas. Em minha leitura, eu argumentava que "a ficção tem razões que a fé não conhece", que o objetivo de Saramago não era rebaixar a fé, mas tratar de questões essenciais no "mundo dos homens": o sentido do universo, sua transcendência ou imanência, o bem e o mal. E terminava dizendo: "Raramente Saramago esteve tão iluminado, com a mão tão certa e o ouvido mais afinado. Os advogados de Deus poderiam dizer que, apesar de advogado do Diabo, ele está, neste livro, em estado de graça".

Enviei uma cópia do artigo ao escritor, acompanhado de uma cartinha em que eu dizia que o texto era "apenas uma gota d'água" no oceano de comentários que o romance vinha recebendo. Em fevereiro de 1992, quando eu estava dando aulas em Paris, recebi uma carta de Saramago, que dizia:

Caríssima Leyla:

Gota d'água será, mas é, até agora, a mais cristalina de quantas ressumbraram Brasil e Portugal sobre o *Evangelho*. O livro, no seu artigo, aparece colocado onde deve estar, que é onde eu o quis pôr e onde eu o reconheço: um intento de perceber o mundo em que vivo, pelas únicas vias por onde posso atrever-me, as da literatura e da ficção. A Igreja protesta e barafusta, sem sequer perceber que *eu não estou lá* onde ela teima em ver-me. Tudo isso seria divertido se não fosse triste: o ser humano é um animal sem remédio, doente e louco, incapaz de aguentar a contradição quando ela atinge em cheio as máscaras que inventou contra o medo.

Já conhecia o artigo, mas foi um prazer recebê-lo das suas mãos. Confesso que, depois do texto sobre o *Ricardo Reis*, esperava com certa ansiedade o que iria dizer sobre o *Evangelho*. Basta dizer que lhe estou grato, com um certo sentimento de humildade que não sei aprofundar.

Uma das maiores satisfações de um crítico literário é ouvir, do escritor analisado, que seu livro foi "colocado onde deve estar, onde [ele] o quis pôr" e onde ele o reconhece. Porque é esta a obrigação do crítico: reconhecer o projeto do autor e analisar em que medida esse projeto foi cumprido. E a humildade cabe à crítica, diante do grande escritor, não por acaso apelidado de "Imperador da língua portuguesa".

Depois dos ataques sofridos pelo romance *O evangelho segundo Jesus Cristo*, José e Pilar se mudaram para Lanzarote, uma ilha das Canárias. Enquanto isso, ele foi conquistando leitores em vários países, principalmente no Brasil, onde teve uma acolhida crescente, até se transformar, em seus últimos anos, numa verdadeira consagração. Multidões de jovens acorriam a cada apresentação de Saramago.

Em 1994, encontrei novamente o escritor e sua mulher num lugar imprevisto: a cidade de Edmonton, na província de Alberta, no centro do Canadá. Participávamos ali do XIV Congresso da Associação Internacional de Literatura Comparada (ICLA). A Associação era então presidida pela professora e ensaísta portuguesa Maria Alzira Seixo, e Saramago foi o escritor homenageado daquele congresso, não por iniciativa da conterrânea e amiga, mas por proposta de um professor de Alberta. Muitos brasileiros estavam ali presentes.

A intervenção do escritor, numa das sessões, foi tumultuosa. Um professor brasileiro do Rio Grande do Sul apresentou uma comunicação na qual repudiava a imagem negra e mestiça que o Brasil tinha no exterior e reivindicava o reconhecimento de muitas "obras-primas" escritas por escritores alemães do sul do país, como ele próprio. Acrescentou ainda que a literatura brasileira é pobre porque vem de uma literatura pobre, a portuguesa. Na plateia, Saramago levantou-se irado, "tremendo como poucas vezes na minha vida, com a boca resseca e amarga", narrou ele depois em seus *Cadernos de Lanzarote II* (1995). A discussão esquentou, e só não terminou num enfrentamento porque o litigante gaúcho se retirou.

À noite, bem mais calmo, reencontrei Saramago num agradável jantar oferecido a ele. Durante o encontro, conversamos sobre um lugar de Edmonton que havíamos visitado e que nos tinha estarrecido: o West Edmonton Mall, um imenso shopping center que era então o maior do mundo, uma verdadeira cidade no interior da outra. Coberto por uma vasta cúpula transparente, o shopping era climatizado e continha, além das inúmeras lojas e restaurantes que só podiam ser alcançados por carrinhos elétricos, uma praia com areia e um "mar" de ondas artificiais, um lago profundo que se podia explorar num submarino, animais selvagens em jaulas, rinques de patinação e um parque de diversões com uma montanha-russa vertiginosa. Saramago ficou muito impressionado com aquele templo do comércio globalizado. Nos *Cadernos de Lanzarote II*, ele registrou: "[Milhares e milhares de pessoas, [...] com o olhar vago subitamente excitado por um apetite de compras, caminham pelas intermináveis galerias como obedecendo a um irresistível tropismo. Só de vê-las, entra-me no corpo uma mortal tristeza". Esse shopping inspirou-lhe, anos mais tarde, o romance *A caverna* (2000).

No mesmo ano, ele veio a São Paulo para o lançamento do livro *Terra*, com fotos de Sebastião Salgado, para o qual ele escrevera uma introdução. Houve então um jantar festivo na casa de Luiz e Lilia Schwarcz, ao qual fui convidada. Além dos participantes do livro (Salgado, Saramago e Chico Buarque), havia numerosas personalidades artísticas e políticas nesse jantar. Sabendo disso de antemão, levei uma pequena máquina fotográfica em minha bolsa. Essa máquina me fez passar vergonha, mas no final fui recompensada por levá-la. Quando vi pessoas fotografando, achei que também podia fazê-lo. O problema é que aquelas pessoas eram fotógrafos renomados que eu não conhecia pessoalmente, como Maureen Bisilliat, e eu era uma simples amadora.

Em determinado momento, estando eu sentada num sofá ao lado de Raduan Nassar (numa de suas raríssimas aparições em público), Saramago veio juntar-se a nós. Pensei então que aquela era uma oportunidade única de ter uma foto na companhia daqueles dois escritores que eu tanto admirava e sobre os quais eu havia escrito. Passava então, perto de nós, um jovem senhor que me pareceu simpático. Levantei-me com minha máquina e pedi a ele que tirasse uma foto nossa. Muito gentilmente, ele nos fotografou. Tendo assistido à cena, a editora Maria Emilia Bender caiu na risada e me disse: "Você sabe a quem você pediu que tirasse aquela foto? Era o Bob Wolfenson! E você ainda explicou a ele que era só apertar aquele botão!". Depois desse fora, pedi desculpas ao famoso fotógrafo de celebridades. Resultado previsível: é a melhor fotografia da noite, a mais bem enquadrada. Saramago me abraçando e Raduan com cara de "o que estou fazendo aqui?".

Em 1998, a maravilhosa surpresa: Saramago, prêmio Nobel de literatura. No dia em que o prêmio lhe foi concedido, eu estava em Lisboa. Sozinha, no quarto do hotel, eu vi na televisão as primeiras imagens do premiado, que se encontrava na feira literária de Frankfurt, e as primeiras reações, em Portugal e no mundo. Dei pulos de alegria. À noite, saí para festejar com amigos. Pelas ruas, já havia outdoors iluminados com a notícia. Lisboa toda estava em festa, uma festa que se estenderia por meses, com a volta triunfante do escritor a Portugal. Depois da cerimônia em Estocolmo, Maria Alzira Seixo, que esteve presente, me enviou uma linda foto com o escritor. E, quando vi a filmagem da cerimônia, pensei: nenhum escritor nobelizado esteve mais elegante de casaca do que aquele camponês do Ribatejo que, até os nove anos, andava descalço cuidando dos porcos. Saramago recebeu o prêmio "pela sua capacidade de tornar compreensível uma realidade fugidia, com parábolas sustentadas pela imaginação, pela compaixão e pela ironia" (Academia Sueca).

A palavra "compaixão" é, aí, muito importante. Odiado por muitos por ser comunista, na verdade ele era antes de tudo um humanista generoso, defensor dos miseráveis e dos injustiçados. E eu o admirava não só como escritor, mas também pela firmeza e a coragem de suas convicções. Certa vez ele declarou que sua palavra preferida era "não". E justificava sua preferência em entrevista à *Folha de S.Paulo*, em 1991: "O *não* é a única coisa efetivamente transformadora, que nega o status quo. Aquilo que é tende sempre a instalar-se, a beneficiar injustamente de um estatuto de autoridade". Diante das injustiças, ele era o homem do "não".

Em seu romance *História do cerco de Lisboa* (1989), ele imagina um revisor que, pela simples inclusão da palavra "não", muda os acontecimentos históricos. Na verdade, toda a obra de Saramago é regida pela negação. Em *Memorial do convento* (1982), a rebeldia das personagens é um "não" oposto à opressão monárquica e religiosa. *A jangada de pedra* (1986) pode ser lido como um "não" à União Europeia. *O evangelho segundo Jesus Cristo* (1991), um "não" às religiões que culpabilizam e sacrificam os homens. E assim por diante. Há, em Saramago, um permanente desejo de que a fatalidade brutal da história se detenha. É pelo "não" contraposto aos fatos históricos que o romancista opõe a liberdade da fabulação à fatalidade da história, escapando da lógica exclusiva do "sim" ou "não" que preside aos fatos passados e documentados. O escritor tem a permissão de alterar o passado e, com isso, sugerir que o futuro pode ser outro, menos cruel e menos injusto.

Nas conferências que dava, Saramago defendia suas ideias como o comunista que ele era em sua pessoa civil, sisuda e solene. Fechava a cara, seus olhos se apagavam e sua boca ficava "resseca e amarga". Não era esse o Saramago que eu preferia. Aquele de quem fui leitora e amiga era afetuoso e divertido. Quando ele estava descontraído, seu sorriso era largo e, por detrás dos óculos, seus olhos brilhavam maliciosamente. Lembro-me dele numa sessão acadêmica em Porto Alegre, em 1999. Sentado na primeira fileira, inclinado para trás, com as longas pernas cruzadas, ele ouvia o que eu e outros colegas dizíamos no palco sobre sua obra. Quando terminamos e o público acabou de bater palmas, fez-se um silêncio. Foi então que Saramago se dirigiu a nós: "Acabaram? É só isso? Continuem falando bem de mim, ora". Foi uma risada geral. Esse Saramago entre amigos era o homem do "sim", sempre pronto para os abraços dos homens e os beijinhos das mulheres.

Em 2003, participei do programa *Roda Viva*, da tv Cultura, protagonizado por Saramago. Quando ele chegou, viu-me sentada com os outros entrevistadores, veio até mim e perguntou com um ar falsamente repreensivo: "O que estás a fazer aqui?". Eu respondi: "Vim fazer-lhe perguntas". Ao que ele retrucou: "E precisas vir a público para me fazer perguntas?".

As viagens de Saramago eram muitas, as minhas eram algumas, e em virtude delas não nos reencontramos nos anos seguintes. Fui tendo notícias dele por amigos, soube de sua doença e preocupei-me com ela. Até que, em junho de 2010, tive a notícia de seu falecimento em Lanzarote. A *Folha de S.Paulo* me pediu um artigo, que escrevi imediatamente. Nele, eu dizia: "Qualquer que seja a posição dos leitores com relação às opiniões políticas do homem Saramago, ninguém pode acusá-lo de ter feito literatura partidária ou militante". A obra de Saramago, como toda grande literatura, não prega nem tem qualquer mensagem explícita; ela consiste em parábolas críticas que nos fazem desejar um mundo mais justo.

Possuo vários livros de Saramago com belas dedicatórias. A que mais me toca está no *Evangelho segundo Jesus Cristo*: "Para a Leyla, com amizade, com admiração, com gratidão — com tudo quanto pode fazer de duas pessoas uma corrente contínua de afeição". Nessa dedicatória está o "homem do sim" que ele era pessoalmente.

Hoje, o "não" de Saramago oposto às injustiças e aos erros históricos faz muita falta. Felizmente, existe a Fundação José Saramago, que não tem por missão "contemplar o umbigo do autor". Tem, como norma de conduta, a Declaração Universal dos Direitos Humanos e, entre suas funções, tratar dos problemas do meio ambiente e do aquecimento global. O fim do texto da declaração de princípios da instituição é o seguinte:

> Bem sei que por si só a Fundação José Saramago não poderá resolver nenhum desses problemas, mas deverá trabalhar como se para isso tivesse nascido.
>
> Como se vê, não vos peço muito, peço-vos tudo.

Lisboa, 27 de junho de 2007
José Saramago

Lévi-Strauss, espectador de *Macunaíma*

Em 1970, fui assistir ao filme *Macunaíma* de Joaquim Pedro de Andrade no cineminha do convento dos dominicanos, na Rue de la Glacière, em Paris. Na fileira atrás da minha, alguém comentava o filme, o que me incomodou. Olhei para trás e vi um senhor que logo identifiquei: era Claude Lévi-Strauss (1908-2009), explicando os lances do filme para sua mulher. Meu incômodo se transformou em interesse, de modo que, tentando ouvir o que ele dizia, quase tive um torcicolo. Que luxo ter assistido ao filme com comentários desse mestre! Numa entrevista, ele dissera que *Macunaíma* era "um grande livro".

Lévi-Strauss, como todos sabem, foi um dos maiores intelectuais do século xx, o fundador da antropologia estrutural e grande especialista de nossos índios. Tendo vindo ao Brasil como sociólogo, em 1935, integrando o grupo de professores franceses que inaugurou as atividades universitárias da Faculdade de Filosofia da USP, pôde seguir sua vocação de etnólogo em excursões à região central do país. Conheceu Mário de Andrade em São Paulo e, em companhia do escritor, fez excursões pelo interior do estado para conhecer festas populares. Chamou essas excursões de "etnografia de domingo", e chegou a fotografar Mário fazendo anotações em um caderninho. Como diretor do Departamento de Cultura, Mário financiou as futuras excursões do etnólogo, tão fundamentais para a ciência etnológica. No momento daquela sessão de *Macunaíma*, Lévi-Strauss já era professor do Collège de France e já havia publicado alguns dos livros que o tornaram famoso: *Tristes Tropiques* (1955), *La Pensée sauvage* (1962), e parte das *Mythologiques* (1964-1971). Que saudades do Brasil e de Mário de Andrade o filme deve ter suscitado nele! Afinal, foi Mário que o introduziu na etnologia brasileira.

Na década de 1970, vi-o outras vezes no Collège de France, participando de mesas ou assistindo a uma conferência de Roman Jakobson. Só vim a ter um contato direto com ele em 1984. Festejava-se então o cinquentenário da criação da USP e o reitor naquela ocasião, o professor José Goldemberg, me deu a honrosa incumbência de levar pessoalmente o convite aos sobreviventes franceses daquela histórica missão. Comecei pelo historiador Fernand Braudel (1902-85), que também teve uma magnífica carreira intelectual. Como integrante da École des Annales, fundada por Marc Bloch e Lucien Lefèbvre, revolucionou a historiografia no século XX. Ao introduzir as ciências sociais e a economia nos estudos históricos, suas obras têm enorme influência até os dias de hoje.

Em companhia de meu colega Antonio Dimas, fomos a seu escritório na Maison des Sciences de l'Homme, da qual ele foi fundador e diretor até o fim da vida. Embora estivesse bem idoso, encontramos um homem extrovertido e alegre, que fez questão de falar um pouco em português. Recusou, porém, o convite, alegando que não teria nada a fazer no Brasil, pois todas as pessoas que conhecera aqui já haviam morrido.

A visita seguinte que fiz foi ao geógrafo Pierre Monbeig (1908-87), em seu apartamento no Boulevard Saint-Michel, onde ele e sua mulher me receberam com extraordinária gentileza. Monbeig, especialista em geografia humana, passou onze anos no Brasil e deixou aqui importantes discípulos, como Aroldo de Azevedo (1910-1974) e Aziz Ab'Saber (1924-2012). Ele foi o único que aceitou o convite e veio a São Paulo para os festejos.

Na lista dos convidados, estava também Lévi-Strauss, de quem eu levava o número de telefone residencial. Liguei para lá, uma voz masculina atendeu, eu disse que desejava falar com o professor Lévi-Strauss e ouvi: "Sou eu mesmo". Eu não imaginava que fosse tão fácil falar com uma personalidade daquela estatura. Ao longo dos anos, verifiquei que, quanto maior fosse o intelectual francês, mais informal era o contato com ele, diferentemente dos catedráticos da Sorbonne, que tinham secretários e submetiam os visitantes a longas esperas na antecâmara.

Lévi-Strauss marcou um encontro comigo em seu escritório no Collège de France e lá fui eu. Ele estava então com setenta e seis anos e em plena forma física, apesar de um leve tremor nas mãos, sequela de uma febre tropical. Recebeu-me com cortesia, mas logo vi que não era extrovertido como Braudel, nem tão sociável quanto Monbeig. Era sério e formal, embora tivesse um olhar bondoso. Em seu escritório, atrás da escrivaninha, havia um grande mapa do Brasil. Naquele momento, minha filha Beatriz era pós-graduanda de antropologia na USP e se achava em trabalho de campo. A pedido dela, eu tinha levado um livro para que ele o autografasse. Ao ser informado, ele me perguntou com que índios ela estava. Eu disse que eram os krahôs, e ele logo se levantou, apontou o local exato no mapa do Brasil e disse: "Ela deve ser discípula da Manuela Carneiro da Cunha". O que era verdade e mostrava que ele continuava perfeitamente informado da etnologia brasileira. Pôs uma dedicatória no livro, desejando à minha filha uma feliz carreira de etnóloga. Anos mais tarde, Beatriz traduziria a maior parte das obras de Lévi-Strauss editadas no Brasil.

Quanto ao convite da USP, sua resposta me deixou desconcertada e, em minha volta a São Paulo, fazia rir todos a quem eu a comuniquei. Ele me disse que não podia vir porque sua mãe estava muito doente. Como ainda não era tão comum haver pessoas centenárias, como ele próprio seria depois, todos diziam: "Quantos anos terá essa mãe?". O fato é que ele veio no ano seguinte, mas seu desejo de rever os índios foi contrariado pelo mau tempo e ele só pôde sobrevoar a floresta.

Em 1995, foi traduzido e publicado na França meu livro *Vinte luas*, sobre o navegador Paulmier de Gonneville e seu afilhado, o índio brasileiro Essomericq (Içá-mirim). Recebi então uma carta. No envelope estava escrito "À Excelentíssima Professora...", numa caligrafia elegante e antiga. Pensei que devia ser de algum português, porque há muito havíamos abandonado essas formalidades no Brasil. Qual não foi minha surpresa quando abri e era um cartão de Lévi-Strauss! Sem que eu o soubesse, Michel Chandeigne, meu editor francês, havia enviado o livro a ele, porque recentemente ele havia falado de Gonneville e Essomericq numa entrevista. No cartão, o grande mestre me dizia: "Cara colega, a senhora restituiu admiravelmente uma história fascinante. Agradeço-lhe por me ter enviado essa *Viagem de Gonneville* e lhe peço que aceite, cara colega, a expressão de minhas respeitosas homenagens".

Lévi-Strauss não foi apenas um grande antropólogo, foi um sábio. Sua compreensão da variedade humana derrubou muitos preconceitos, mas suas previsões sobre o futuro dos índios e do planeta eram sombrias. A aculturação dos índios pelos ditos "civilizados" será a "liquidação melancólica do ativo de uma cultura moribunda". Embora pessimista com relação à sobrevivência das culturas ditas "primitivas", Lévi-Strauss não era desesperançado quanto à evolução da humanidade. Em *Race et histoire* (1952), ele advertia as organizações internacionais de que a adoção de um mesmo modelo cultural por todos os humanos levaria a "soluções cada vez mais insípidas e finalmente impotentes". E concluía:

> É preciso que elas saibam, pelo contrário, que a humanidade é rica de possibilidades imprevistas, e que cada uma delas, quando aparecer, deixará sempre os homens estupefatos; que o progresso não é feito à imagem dessa "semelhança melhorada" na qual buscamos um repouso preguiçoso, mas que ele é cheio de aventuras, de rupturas e de escândalos. [...] A necessidade de preservar a diversidade de culturas num mundo ameaçado pela monotonia e a uniformidade não escapou às organizações internacionais. Elas compreendem também que não bastará, para atingir esse objetivo, cultivar as tradições locais e conceder uma pausa aos tempos passados. É o fato da diversidade que deve ser salvo, não o conteúdo histórico que cada época lhe deu. [...] A diversidade das culturas humanas está atrás de nós, à nossa volta e adiante de nós. A única exigência que podemos fazer valer quanto a ela (criadora, para cada indivíduo, de deveres correspondentes) é a de que ela se realize sob formas que sejam cada uma delas uma contribuição à maior generosidade das outras.

Quanta diferença, entre as propostas desse sábio e o culturalismo identitário, exclusivista, raivoso e separatista que vemos triunfar no século xxi!

A última vez que vi Lévi-Strauss foi de relance, no final dos anos 1990. Tarde da noite, depois de um jantar na casa de um amigo, estava com este tentando parar um táxi na Place Saint-Paul, quando vimos um senhor pegando outro táxi à nossa frente. Era ele, sozinho e ainda ágil. Morto com cento e um anos, em 2009, Lévi-Strauss foi o mais longevo e o último daquela brilhante geração de pensadores que a França produziu no século xx.

Em 2005, quando recebeu o Prêmio Internacional da Catalunha, disse: "Meu único desejo é um pouco mais de respeito pelo mundo, que começou sem o ser humano e vai terminar sem ele".

Maurice Nadeau,
"um cara formidável"

Maurice Nadeau, falecido em junho de 2013 aos cento e dois anos, foi uma das pessoas mais extraordinárias que tive a sorte de conhecer. Nosso contato começou em 1969, quando ele dirigia a editora Denoël e me encomendou um prefácio para a edição francesa de *Nove, novena*, de Osman Lins. Quem me apresentou a ele foi Gilles Lapouge, amigo de Nadeau e colaborador de sua revista, *La Quinzaine Littéraire*. Desde então, em todas as temporadas que passei na França, frequentei a redação da revista e, ao longo dos anos, publiquei nela numerosos artigos sobre literatura francesa, portuguesa e brasileira.

Ter uma longa existência não é um mérito, mas uma sorte. Entretanto, atingir uma idade avançada tendo participado ativamente da vida intelectual e política de seu país durante muitas décadas, e ter conservado tal integridade intelectual e ética, é um feito merecedor da maior admiração. De fato, não houve acontecimento político ou literário do século xx francês em que Nadeau não estivesse, de alguma forma, presente.

Maurice Nadeau nasceu em 1911 numa família "proletária",

termo marxista que ele gostava de usar. Seu pai foi o que se chama no Brasil um boia-fria, e sua mãe gastou prematuramente sua saúde como faxineira. "Pupilo da nação", como são chamados aqueles cujos pais morreram em contexto de guerra, o menino Maurice beneficiou-se dessa notável instituição que é o ensino republicano, público e gratuito. Na escolarização, manifestou-se sua inteligência e firmaram-se as bases de sua vasta cultura.

Nos anos 1930, como era normal naqueles tempos de Frente Popular, o jovem Maurice tornou-se um militante comunista. Líder estudantil, defendia uma literatura proletária à moda soviética. A pouca atenção dada pelos comunistas franceses à ascensão de Hitler fez com que ele discordasse do partido, que o excluiu. A leitura de Trótski, na mesma ocasião, abriu-lhe outros caminhos. "Trótski e Breton nos conclamavam a tomar em nossas mãos nosso futuro e o da humanidade. Que tarefa mais entusiasmante podia nos ser proposta?", escreveu ele em suas memórias.

Ao mesmo tempo, cursou a École Normale Supérieure, leu os surrealistas, e com eles descobriu Lautréamont e Rimbaud. Começou então a trabalhar numa história do movimento surrealista, o que não agradava muito a André Breton e seus companheiros pelo fato de estes considerarem que sua história não havia terminado. Veio a Segunda Guerra, e Nadeau era professor primário em Paris. Por recomendação de Merleau-Ponty, foi procurado por Sartre, que organizava uma rede de resistência à ocupação alemã. Depois de algumas reuniões secretas e algumas prisões, o grupo foi desfeito, mas Nadeau permaneceu na Resistência e escapou por pouco à deportação.

Em 1945, publicou sua *Histoire du surréalisme* e foi contratado pelo jornal *Combat* (que fora o órgão clandestino da Resistência), onde passou a trabalhar ao lado de Camus, diretor do jornal, e de outros escritores já famosos. Em pouco tempo, tornou-se editor literário do jornal. Como tal, pôs-se a publicar novos autores, entre eles, Roland Barthes, que saíra recentemente do sanatório e lhe foi apresentado por amigos como "um cara encantador, muito sensível, de uma grande delicadeza". Assim, em 1947, Nadeau publicou o primeiro texto desse "cara", cujo título lhe pareceu enigmático, e que ele introduziu com uma nota alertando os leitores para sua originalidade. Era "O grau zero da escrita", prenúncio do livro futuro que tornaria Barthes famoso. Na década seguinte, ele seria o editor responsável pelas crônicas depois reunidas em *Mythologies* (1957). Conversamos muito sobre Barthes. Nadeau não gostava de sua fase estruturalista e semiológica. Num debate de ambos, publicado em 1980 com o título *Sur la Littérature*, resistiu a algumas afirmações do ensaísta sobre o fim da literatura e a morte do autor.

Barthes estava então empenhado na defesa da "escritura" e do "texto", contra a "velha literatura", e Nadeau, que tinha uma concepção muito ampla da literatura, não aceitava esse exclusivismo. Também resistia à ideia de "crise da literatura". Com sua grande experiência de editor, ele observava: "Desde que exerço minhas atividades, sempre ouvi falar de crise. Crise da edição, crise da livraria e, claro, crise da leitura. Não seria um estado endêmico?". Nadeau tinha razão, e o tempo o demonstrou. Em sua última fase, Barthes retomou a palavra "literatura" e manifestou o temor de que esta desaparecesse. Apesar das leves discordâncias, Nadeau manteve até o fim sua estima pelo escritor que ele havia lançado. E continuou me pedindo artigos sobre Barthes para a *Quinzaine Littéraire*, o que era para mim uma dupla honra.

Nadeau foi crítico literário nas revistas *Mercure de France*, *France Observateur* e *L'Express*. De 1949 a 1977, foi diretor de coleções nas editoras Corrêa, Julliard, Denoël e Robert Laffont. Em 1977, criou sua própria editora, Les Lettres Nouvelles, que em 1984 se tornou Éditions Maurice Nadeau. Como crítico e editor, descobriu novos talentos, conheceu pessoalmente inúmeros escritores notáveis, e de muitos tornou-se amigo. Sua ação não se limitava à edição. Além de colaborar, com sua leitura, para a forma final das obras, ajudava pessoalmente os autores. Apenas um exemplo: interveio efetivamente em favor de Antonin Artaud, quando este sofreu a ação da censura e, posteriormente, quando se achava internado, o que lhe valeu o agradecimento do escritor.

No terreno político, sua coragem comprovou-se uma vez mais na redação, em 1960, do "Manifesto dos 121", texto de denúncia e de desobediência civil em favor da libertação da Argélia, no momento em que a França ali guerreava para manter a colônia. No ano 2000, esse manifesto, assinado por Sartre, Simone de Beauvoir, Jean-Pierre Vernant, Marguerite Duras, Michel Butor, Claude Simon, Nathalie Sarraute e outros, foi lembrado no jornal *Le Monde Diplomatique* sob o título "Esses 'traidores' que salvaram a honra da França". Vários dos signatários sofreram sanções severas por esse ato.

Durante meio século, Nadeau não cessou de "descobrir" talentos, revelando uma intuição e uma teimosia notáveis. Publicou de primeira mão textos de Claude Simon, Nathalie Sarraute e Georges Perec. Foi ele quem escreveu e publicou o primeiro artigo de jornal sobre Samuel Beckett. E era o primeiro leitor ao qual o escritor mostrava seus textos. Respondendo a uma pergunta minha, numa entrevista que me concedeu em 2001 para a *Folha de S.Paulo*, ele disse:

> Sim, Beckett... Com Beckett, podíamos passar horas sem dizer nada, e sem nos sentir incomodados com isso. Era uma presença. Trocávamos algumas palavras, de tempo em tempo. Éramos amigos, como se pode ser amigo de uma dessas pessoas que nos sobrepujam por toda a sua altura. Era alguém que vinha me ver, com quem eu ia tomar um trago, que me dava sempre suas peças para ler antes de entregá-las ao seu editor, Lindon. Depois de sua mor-

te, mexendo em meus papéis, encontrei uma peça que ele me dera, dizendo: "Não a publique, não vale nada". O título era *Eleutheria* e, de fato, não era das melhores. Uns americanos que editavam a correspondência dele vieram me ver, e eu lhes mostrei esse texto. Eles disseram: "É uma peça conhecida". Fiz a bobagem de lhes dar uma fotocópia e eles a publicaram nos Estados Unidos, e depois Lindon a publicou aqui. Era um inédito, imagine! Não deviam tê-la publicado, pois Beckett não queria, mas enfim...

Como editor da revista *Lettres Nouvelles*, depois transformada em editora do mesmo nome, revelou aos franceses estrangeiros como Malcolm Lowry, Witold Gombrowicz, Leonardo Sciascia e Henry Miller, quando este ainda era polêmico na França e proibido em países anglófonos. Logo que seus "achados" eram reconhecidos, passavam a ser publicados por grandes editoras e Nadeau não lucrava nada. Isso continuou acontecendo com autores mais jovens, como J.M. Coetzee, futuro prêmio Nobel, e Michel Houellebecq, de quem ele publicou o primeiro livro, *Extension du domaine de la lutte*, em 1994. A esse respeito, ele me disse:

Fui eu que o publiquei, mas preciso dizer que ele insistiu muito. Houellebecq se apresentou e me disse: "O senhor publicou Perec, eu sou o novo Perec, é preciso me publicar". Ele insistiu durante um ano. Eu não tinha muita vontade, porque o que me interessa num escritor é a escrita, o modo como se sai da vida cotidiana, da banalidade, pela criação verbal. Não encontrei isso em seu livro. Mas, enfim, ele falava bastante bem das coisas. Eu não me interessei pelo romance seguinte [*Les Particules élémentaires*]. Ele o deu a outro editor e foi um grande sucesso de venda.

A revista *La Quinzaine Littéraire*, fundada por Nadeau em 1966, vingou e prosperou graças ao apoio de escritores renomados que nela colaboraram gratuitamente, ajudando-a também materialmente em seus momentos de crise financeira. Era uma revista bimensal vendida em bancas e assinada por numerosos leitores, ultrapassando a tiragem de 10 mil exemplares. Como colaboradora da revista, pude participar de algumas de suas reuniões editoriais e ver o modo como funcionavam, sob o comando firme de seu diretor. Numa sala apertada, a mesa central quase arriava sob o peso dos numerosos livros enviados pelas editoras. Nadeau ia pegando um por um e oferecendo-o aos colaboradores presentes, para que estes os comentassem na revista. E não desistia facilmente. Em novas rodadas, retomava aqueles que ainda não tinham encontrado voluntários e os propunha novamente. Os que sobravam, ficavam à espera de contatos telefônicos com os comentadores adequados.

Durante décadas, repeti o ritual de visitar Nadeau em Paris. Enquanto conversávamos, ele bebericava um uísque e fumava. Só depois dos noventa anos, por recomendação médica, ele parou de fumar e passou a tomar suco de laranja. Ele tinha uma saúde impressionante, continuava subindo e descendo as escadas do prédio da revista sem nenhuma dificuldade.

Desde a juventude, sua paixão pela literatura o tornou avesso aos critérios ideológicos e o fez defensor de textos inovadores e fortes, mesmo que as opiniões pessoais dos escritores fossem diferentes das suas. Nadeau era aberto para o Brasil, como para o mundo todo. Sua última editora publicou *O turista aprendiz*, de Mário de Andrade. A pedido dele, publiquei na revista artigos sobre autores brasileiros editados na França: Raul Pompeia, Mário e Oswald de Andrade, Clarice Lispector, Osman Lins, Raduan Nassar, Chico Buarque e outros. Em 1976, ele publicou em matéria de capa um artigo meu sobre a *Revista de Antropofagia*, cujo exemplar fac-similado eu lhe havia mostrado, e em 1996, a edição francesa de meu livro *Vinte luas*.

Quanto à produção da *Quinzaine*, esta parecia um milagre, visto que apenas duas pessoas a preparavam. A segunda pessoa era Anne Sarraute, filha da escritora Nathalie Sarraute (1930-2008). Viúvo de Marthe, com quem partilhou as lutas políticas e editoriais de sua juventude, Maurice encontrou em Anne sua última e grande companheira. Extremamente discreta, enquanto Nadeau recebia visitas, ela não parava de trabalhar na edição da revista, acompanhando tudo em silêncio. Todos os anos, no Salon du Livre, Nadeau permanecia sentado ao lado de Anne no estande de sua editora, atendendo pessoalmente os visitantes. Embora bem mais nova do que seu companheiro, ela morreu quando ele estava com noventa e sete anos. Resistiu a mais esse golpe afetivo e continuou publicando a *Quinzaine*.

Na entrevista que me concedeu, ele falava da criação da revista: "A *Quinzaine* funciona, e não há ninguém por detrás, somente eu. Não tem capital, não tem um órgão de imprensa ou uma grande editora por detrás. Há uma sociedade, porque isso é legalmente obrigatório. Coloquei nela um amigo dentista, que me deu 10 mil francos de seu bolso e me disse: 'Pronto, você é acionista, agora somos dois para fazer a *Quinzaine*'. Podem-se fazer coisas sem dinheiro!".

Sim, pode-se fazer muita coisa quando se conquistou o respeito e a admiração de seus pares. Os jantares de aniversário da revista, presididos por ele, também eram memoráveis. Aconteciam em restaurantes modestos do bairro e eram tão descontraídos quanto as reuniões de trabalho. Lembro-me especialmente de um deles, logo depois da queda do muro de Berlim. Comentei então que, apesar de tudo, era triste que uma utopia generosa como fora a Revolução Russa de 1917 terminasse assim. O velho trotskista concordou, melancólico.

Em 2001, quando a revista comemorou trinta e cinco anos de publicação, houve uma festa na redação à qual eu compareci.

Pode-se dizer que todas as pessoas que realmente contavam, no mundo intelectual francês, estavam lá presentes. Jacques Derrida, Hélène Cixous, Michel Deguy, Denis Roche, Elisabeth Roudinesco, Lucette Finas, Gilles Lapouge e dezenas de outros escritores comprimiam-se nas três salas da revista para homenagear seu editor. A variedade de especializações e tendências ali representadas demonstrava o alcance das atividades de Nadeau, o reconhecimento por seu longo e incessante trabalho, a estima pela qualidade do homem e de suas realizações. Este pairava feliz acima de tantos amigos.

Foi então que decidi fazer uma entrevista com aquele "monumento" da cultura francesa. O texto foi publicado com uma bela foto dele no escritório da *Quinzaine*, tendo por fundo o Centro Pompidou. Ao receber o Caderno Mais! com a entrevista, ele me mandou um cartão em que dizia: "Obrigado Leyla, estou muito orgulhoso dessa entrevista que você fez. Em português é ainda mais bonito do que em francês. Eu ia me descobrindo nela e soltava gritos: que cara formidável eu sou! Você me deu oxigênio para o fim de meus dias. Estou vendo chegar o centenário com muita serenidade".

Minha entrevista foi pioneira, pois apenas depois dela foram publicadas, na França, *Une Vie en littérature*, conversas com Jacques Sojcher (2002), e *Le Chemin de la vie*, com Laure Adler (2011). A partir de 2005, foram feitos quatro filmes sobre ele.

O homem Nadeau foi realmente "um cara formidável". Estar diante dele, que tinha excelente memória, era estar na companhia de uma enciclopédia literária viva. Alto, forte e sisudo, falava o francês do povão. Sob essa aparência um pouco emburrada, era uma águia de inteligência, um coração mole e um fino humorista. Era, sobretudo, de uma real modéstia. Atribuía à sorte o fato de tantos gênios da literatura o haverem procurado, e qualificava sua atividade como a de um mero intermediário, um "servidor" dos escritores. Suas memórias, publicadas em 1990, se intitulavam *Graças lhes sejam rendidas*. No exemplar que me deu, pôs uma linda e generosa dedicatória. Riscando duas palavras do título, escreveu:

Que graças sejam rendidas a Leyla Perrone-Moisés
Grande e cara amiga para além dos oceanos
Tendo em nosso coração o mesmo amor por Isidore e alguns outros

Nosso amor por Isidore Ducasse me valeu, ao mesmo tempo, uma grande honra e uma mágoa. Quando eu estava tentando publicar meu *Lautréamont austral* em francês, Nadeau me propôs editá-lo. No mesmo momento, Severo Sarduy, meu amigo e colaborador do livro, insistia em propô-lo à Gallimard. Como Severo estava então gravemente atingido pela doença que o mataria pouco tempo depois, eu não tinha coragem de contrariá-lo. Expus a situação a Nadeau, renunciando assim a ser editada por ele.

Criada à imagem da *New York Review of Books*, a *Quinzaine Littéraire* tornou-se, por sua vez, modelo de várias revistas literárias através do mundo. Apesar de famosa, estava sempre à beira da falência. A última batalha de Nadeau foi justamente para salvá-la. Um mês antes de morrer, fez um apelo aos colaboradores e assinantes para que se tornassem acionistas da revista. Teve amplo retorno, mas já era tarde. Até seu último suspiro, ele batalhou desinteressadamente pela literatura.

Segundo depoimento de seu filho Gilles, ele conservou o senso de humor até o fim. Durante sua longa e calma agonia, teria comentado: "Não deixa de ser curioso morrer assim a fogo lento!". "*C'est quand même curieux*" era uma expressão muito usada por ele, cuja curiosidade era insaciável. Um grupo de fiéis seguidores conseguiu continuar publicando a revista com o nome de

Nouvelle Quinzaine Littéraire. Mas o nome da revista acabou sendo comprado por um grupo diferente, que demitiu sumariamente os editores Claude Coste, Pierre Pachet e Tiphaine Samoyault. Os antigos discípulos criaram, então, uma excelente revista digital gratuita: *En Attendant Nadeau* (<www.en-attendant-nadeau.fr>).

Gilles Lapouge, o jornalista poeta

O desaparecimento de Gilles Lapouge (1923-2020) deixou um espaço impreenchível na imprensa cotidiana brasileira. Ao longo de setenta anos, publicou cerca de 10 mil artigos no jornal *O Estado de S. Paulo*, no qual era seguido por milhares de leitores fiéis. Jornalista exemplar, informou os brasileiros sobre assuntos pertencentes a um vasto campo de interesses, que abarcavam a política internacional, a história, a geografia, a literatura, a filosofia, a ecologia e muito mais. Em seu país de origem, a França, era autor de romances e ensaios, além de figura conhecida na televisão e voz apreciada na rádio.

Gilles Lapouge passou sua infância na Argélia, onde seu pai era militar. Na França, depois de estudos de história e geografia, tornou-se jornalista. Sua vida tomou um rumo inesperado e definitivo em 1951 quando, por indicação do grande historiador Fernand Braudel, foi convidado a vir para o Brasil e trabalhar no *Estado de S. Paulo*. Por essa indicação ele prosseguia, de outra maneira, a ação cultural inaugurada pelo brilhante grupo francês que colaborou na fundação da Universidade de São Paulo. Lapouge permaneceu aqui por três anos. De volta ao seu país, passou a ser o principal correspondente do jornal brasileiro, além de colaborar nos jornais franceses *Le Monde, Figaro Littéraire* e *Combat*. Em 1958, condenou a guerra colonial na Argélia, posição que lhe custou a perda de suas credenciais de jornalista durante quatro anos. Em paralelo com sua intensa produção jornalística, Lapouge publicou vários livros, recebeu muitos prêmios, entre os quais o Deux Magots (1987), o Grand Prix de la Société des Gens de Lettres (2007) e o Grand Prix Littéraire de l'Académie Française (2014).

Acho difícil falar de Gilles nesse estilo de informação necrológica. Para mim, ele foi um amigo querido e constante. Não me lembro de nosso primeiro contato. Ele esteve tão presente em minha vida, por tanto tempo, que é como se nos conhecêssemos desde sempre. Nossa aproximação era, por assim dizer, predestinada. Nos anos 1960, publicávamos artigos no mesmo jornal; ele, enamorado pelo Brasil, eu, enamorada pela França. E como, a partir daquela década, estive em Paris incontáveis vezes, era fatal que nos encontrássemos.

As primeiras lembranças seguras que tenho de nossa relação datam de 1968, e elas remetem a outros encontros fundamentais em minha vida intelectual e pessoal, intermediados por ele. Foi ele quem me apresentou a Christiane Reygnault, secretária de Roland Barthes, a qual me levou até o ensaísta. Foi também Gilles quem me apresentou a Maurice Nadeau, que dirigia a editora Denoël e criara havia pouco a revista *La Quinzaine Littéraire*, da qual Gilles era colaborador. Ele já era, naquela época, o homem encantador que foi até a velhice: elegante, gentil e levemente irônico, de olhar calmo e voz aveludada.

Nossa amizade se estreitou também porque sua primeira mulher, Maryvonne Lapouge, naquele momento começava a traduzir para o francês o livro *Nove, novena* de Osman Lins, para o qual eu faria uma introdução. Alguns elos foram se ligando naturalmente, como a relação com outro grande jornalista de *O Estado de S. Paulo*, Reali Júnior (1941-2011) e sua mulher Amélia. Gilles e Reali formavam uma dupla incontornável para a comunidade de brasileiros em Paris, que crescera com a chegada dos exilados da ditadura. Reali era correspondente internacional do jornal e, além de saber o que ocorria no Brasil melhor do que os brasileiros de Paris, era uma pessoa generosa e prestativa.

Em 1974, Gilles entrevistou Roland Barthes no programa de televisão *Ouvrez les Guillemets* e me convidou para assistir ao vivo, naquela Maison de la Radio que Reali Júnior sempre evocava, no início de suas transmissões radiofônicas. Barthes, que publicara um pouco antes *Le Plaisir du texte*, chegou para a gravação um pouco tenso. A calma de Gilles o tranquilizou. No fim do programa, fui jantar com ambos em Montparnasse, no restaurante Falstaff, do qual Barthes era habitué. Pouco tempo depois, ocorreu aquela feijoada que narrei em outro capítulo deste livro. Numa carta posterior, Gilles se referia, divertido, àquele "perigoso jantar estruturalista" em meu apartamento.

A casa dos Lapouge em Paris foi, para mim, durante aqueles anos, um refúgio seguro de afeição e alegria. A família morava num prédio ultramoderno no bairro La Défense. Lembro-me de inúmeras noitadas nesse lar amoroso. Enquanto Gilles nos fazia rir com seus comentários sobre a atualidade parisiense, e Maryvonne, delicada e pulsante como um pequeno pássaro, me cobria de delicadezas, os filhos Laure-Marie e Benoît ficavam abraçados num sofá, e os gatos Caton e Catule nos espiavam do alto de um armário. Num canto da sala, numa pequena estufa, havia uma planta. Era uma orquídea que exigia muitos cuidados e só desabrochava de sete em sete anos. Esse pequeno paraíso, de tantos outros que Gilles buscou e sobre os quais escreveu, desfez-se repentinamente. Cada um partiu para um lado, seguindo seus próprios desejos e caminhos. Depois de um tempo, Gilles casou-se novamente e teve mais um casal de filhos, os gêmeos Mathilde e Jerôme. Não conheci sua nova família, mas imagino que tenha sido tão amorosa quanto a primeira, pois os gêmeos o levaram, quando ele tinha 94 anos, a uma viagem de carro do Senegal à Mauritânia.

Continuamos a nos ver e a nos escrever. As numerosas cartas de Gilles, que reli recentemente, eram tão bem escritas e saborosas quanto suas crônicas no *Estado*. Falavam de livros, de pessoas que nos eram caras e ele sempre queria saber se eu estava feliz e quando iria à França. As cartas e envelopes traziam o carimbo de seu jornal brasileiro com seu endereço pessoal. Em 1978, ele manifestava sua alegria porque Haroldo de Campos, seu admirador, havia proposto à editora Perspectiva uma antologia de suas crônicas. Infelizmente, a editora não levou adiante o projeto. Se ele for retomado atualmente, a seleção será uma tarefa hercúlea, dada a quantidade dos textos.

Somente uma dessas cartas tratava de assunto político, porque havíamos discutido antes sobre o valor da obra de Soljenítsin, *O arquipélago Gulag*. Reproduzo este texto porque o considero um documento importante para esclarecer o pensamento político de Lapouge:

> É sobretudo a respeito de Soljenítsin que eu queria lhe dizer algo, porque é um assunto grave e foi depois de longas hesitações que acabei me exprimindo. Estou doravante convencido de que um dos erros históricos da esquerda foi não ter dito a verdade sobre a URSS, quando seu horror já era bem conhecido. É aliás o que tentei dizer no artigo do último domingo sobre Praga, que toda ação antifascista, ou anti-imperialista, ou anticapitalista foi brecada, infectada, esterilizada por causa da aliança dos revolucionários com os comunistas, ou melhor, pelo fato de a esquerda não ter

ousado revelar a natureza real do poder soviético. Essa é até mesmo a razão de meu relativo otimismo: pela primeira vez o vigor e o ardor dos revolucionários não dependem mais da hipoteca comunista. No mundo inteiro, um espaço político absolutamente inédito se abre, entre comunismo e capitalismo, e é aí, estou convencido, que residem as promessas. Doravante será preciso dizer por toda parte, e precisamente para combater o *capitalismo*, que o poder comunista foi mais sanguinário do que o poder nazista, que ele foi ainda pior pois o nazismo só propôs a morte e o mal, enquanto o outro infiltrou a morte e o mal sob as etiquetas e as maquiagens do bem, do paraíso terrestre, da moral etc... Acredito que tudo isso é inexpiável, que é preciso repeti-lo incessantemente, e que essa é a condição prévia a toda batalha revolucionária. Talvez eu esteja enganado, mas eu queria lhe explicar um pouco melhor qual é, ao mesmo tempo, minha convicção e o projeto que eu esboço ao falar dessa maneira. Acrescento que, num plano estritamente tático, não me parece inútil denunciar o lixo comunista, deixando que se perceba, por transparência, o lixo similar dos poderes fascistas estabelecidos aqui e ali, no mundo capitalista — por exemplo, para a liberdade de pensamento, a tortura etc... Mas essa consideração metafórica e lacaniana só vem, para mim, em segundo lugar: penso simplesmente que é preciso, a partir de agora, dizer tudo o que se sabe do terror soviético-estalinista, talvez, mas mais profundamente comunista. Dito isso, nunca falo de Soljenítsin em termos elogiosos, salvo quando se trata de sua luta na Rússia, de seu gênio verbal que conseguiu dobrar o minotauro — mas também nunca deixo de criticar asperamente o conservadorismo arcaico do personagem, e o delírio de seus discursos americanos. Para resumir: o inimigo principal é, a meu ver, o capitalismo e o comunismo, um e outro ao mesmo tempo, não que eles se misturem e se confundam, como dizem alguns, mas pelo fato que um mantém em hipnose, como um coelho sob o olho de uma serpente, todas as energias revolucionárias anticapitalistas do Ocidente. Meu Deus, que carta séria, logo eu que gosto tanto de rir com você, de caçoar gentilmente das pessoas, de dizer pequenas bobagens, mas logo nos veremos no Brasil e, nesse terreno, recuperaremos o tempo perdido.

Lapouge inteiro está nesse desabafo. Ele era um humanista libertário que criticava tanto o capitalismo quanto o comunismo soviético. Seus livros mostram que ele gostava de todos os "antissistemas" (*Anarquistas da Espanha*, 1970; *Os piratas*, 1969 e 1987) e detestava a ordem constrangedora da liberdade humana, como a pregada pelos utopistas (*Utopia e civilizaç*ões, 1973). Na verdade, como jornalista ele refletia e informava, mas a política não era seu assunto preferido. O fim de sua carta o indica. Como escritor, ele se deliciava (e nos encantava) com viagens a países distantes (*A tinta do viajante*, 2007), com especulações sobre o amor (*As mulheres, a pornografia, o erotismo*, 1978; *O bosque dos namorados*, 2006), sobre o tempo (*O macaco do relógio*, 1982), sobre os animais (*O asno e a abelha*, 2014), sobre a neve (*O ruído da neve*, 1996). Numa de suas cartas, ele afirmava: "A única coisa que me interessa é a poesia".

Ele gostava da desordem, da excentricidade, da sensualidade e do riso. Por isso, talvez, o Brasil tenha sido sua pátria de eleição. Seu amor pelo Brasil foi imediato e persistente. Como ele contaria depois em seus livros, em 1951 ele vinha de um país devastado pela guerra, e encontrou um lugar onde pessoas de todas as cores se divertiam juntas. Era o Brasil próspero dos "anos dourados". A mim, ele contou que passara fome em seu país e que, na primeira refeição brasileira, viu-se diante de um belo coquetel de camarão e pensou em sua mulher, que ainda estava na França. Apesar de ter visto e anotado, desde sua primeira viagem, a desigualdade e a miséria de nosso país, este continuou sendo, para ele, um paraíso

(*Noites tranquilas em Belém*, 2015; *Atlas dos paraísos perdidos*, 2017). Os paraísos, como ele disse numa entrevista de 2018 na rádio France Culture, são "imaginados pelo desejo ou pelo sonho dos homens". O certo é que, durante a vida toda, ele amou esse Brasil sonhado: "Durante muito tempo, amei o Brasil e ainda o amo. Há sessenta anos o frequento. Vou vê-lo, falo com ele. Trocamos ideias, lembranças, brincadeiras. Se me encontro longe, escuto sua respiração, escrevo-lhe ou telefono-lhe. De noite, quando ele me falta por alguns meses, me viro para colocá-lo em meus sonhos" (*Dicionário dos apaixonados pelo Brasil*, 2011).

Em 2013, visitei Gilles em seu escritório parisiense. Este se localizava no andar térreo de um prédio do 15º Arrondissement, numa rua barulhenta de comércio popular. No espaço ao lado do seu funcionava uma igreja evangélica. O escritório era uma sala ampla, com janela para a rua, e seu arranjo (ou melhor, desarranjo) era surpreendente. Parecia uma caverna de livros, não alinhados em estantes, mas empilhados junto às quatro paredes altas, em caixas de madeira com logotipos de vinhos, ou diretamente no chão. No meio da sala, numa espécie de clareira, uma mesa com um computador e uma cadeira. E só. Via-se que não contava com visitantes, porque não havia outro lugar para alguém se sentar. Era ali que ele se isolava diariamente, como São Jerônimo em sua gruta, para inspecionar o mundo e escrever. Como ele conseguia consultar aquelas centenas de livros amontoados é um mistério. Os amigos sabiam que ele só era acessível depois de redigir seus artigos para *O Estado*, que ele chamava de "meu jornal". Dali saíam seus textos informados de tudo o que ocorria no mundo e, ao mesmo tempo, escritos num estilo pessoal, matizado de anedotas, de observações originais ou poéticas. O motor daquele escritório era ele, com toda a sua erudição, seu talento e seu charme.

Penso, com nostalgia, nesse escritório agora vazio.

Jacques Derrida, filósofo do porvir

Dezembro de 1995. Estou com minha filha Cláudia no aeroporto de Guarulhos. Olhamos atentamente os passageiros que saem pela porta de desembarque. "É ele!" Um homem de altura mediana, moreno com uma bela cabeleira branca, vem puxando uma mala Samsonite vermelha. Que alívio ver concretizada minha iniciativa de trazer, pela primeira vez ao Brasil, o filósofo Jacques Derrida (1930-2004)! A empreitada não foi fácil.

As complicações tinham sido numerosas desde quando o encontrei, num jantar em Paris. Ele me disse então que faria uma viagem à América do Sul, mais precisamente à Argentina e ao Chile, por conta de uma rede universitária da École Pratique des Hautes Études. Perguntei: "Por que não uma escala em São Paulo?".

Eu conhecia Derrida à distância, desde o fim dos anos 1960, quando ele despontava como o filósofo mais inovador daquela época em que tantas estrelas teóricas brilhavam em Paris. Frequentei, como ouvinte, suas aulas na École Normale Supérieure. Como eu já havia lido seus livros *A gramatologia* e *A escritura e a diferença* (1967), surpreendeu-me o aparente contraste entre sua imagem de pensador ousado e o tradicionalismo de seu ensino na École Normale. Ele analisava, então, a *Poética* de Aristóteles palavra por palavra, no velho estilo didático da *explication de texte*. Nenhum desvio do texto canônico, nenhum trocadilho, apenas a hexegese do original grego.

Também me surpreendeu certa dureza do mestre para com os alunos, que eram arguidos sem nenhuma clemência. Mais tarde entendi que aquele tradicionalismo e aquele rigor eram adequados ao objetivo do curso, o concurso de *agrégation* em filosofia, que constaria de questões específicas e aconteceria num debate duro entre examinador e examinado. Em sua juventude, Derrida tinha sofrido pessoalmente com isso. Por ser considerado muito original, desde o tempo de estudante, só teve êxito na terceira vez em que prestou o concurso.

Assisti como ouvinte a suas aulas na École Normale sem pedir permissão, o que seria de praxe. Não tinha nada para lhe dizer e ele me intimidava. Muito diferente da minha relação com Roland Barthes que, por ser literário, desde o início se abrira para mim numa relação de diálogo. Já Derrida, eu o estava apenas rondando e me considerava invisível em suas aulas. Entretanto, em 1995, quando lhe apresentei minha filha Beatriz, ele disse: "Espero que você não se aborreça se eu disser que a estou revendo, quando você tinha a idade dela e frequentava minhas aulas".

A primeira vez que dirigi a palavra a Derrida foi em 1980, nos Estados Unidos. Eu estava passando aquele ano na Universidade Yale, onde ele fazia uma aparição anual. Yale era, então, a sede da desconstrução derridiana, com Paul de Man, Geoffrey Hartman e Hillis Miller como seus interlocutores e Harold Bloom como parceiro desconfiado. Eu havia esperado ansiosamente pela conferência do filósofo, embora Emir Rodríguez Monegal, que comparecia todos os anos a esse evento, me tivesse dito que talvez eu me decepcionasse.

Quando eu estava descendo a Prospect Street para ir à conferência, dirigindo meu pequeno Toyota, vi Derrida parado, sozinho, no ponto de ônibus. Brequei o carro e perguntei se ele precisava de uma carona. Ele pareceu surpreso, mas nem tanto. Agradeceu e disse que estava à espera de alguém que viria buscá--lo. A conferência, como previra Emir, me decepcionou. Nem me lembro qual era o tema, mas lembro que ele falava aos alunos americanos como se estes fossem crianças, simplificando tudo e multiplicando os trocadilhos, alguns dos quais me pareceram forçados. Com certeza, ele conhecia seu público melhor do que eu. O fato é que não reconheci, naquele conferencista, o autor dos livros que eu lia e relia há uma década.

Mais quinze anos se passaram e o renome de Derrida crescera prodigiosamente no mundo, a partir de seu prestígio nos Estados Unidos. A palavra "desconstrução" já tinha atingido vários públicos, no vocabulário da arquitetura, da moda, do cinema. Foi quando Jean Galard, em março de 1995, me convidou para jantar em sua casa em companhia de Derrida e do grande helenista Jean-Pierre Vernant (1914-2007), professor do Collège de France. Quando eu disse a alguém que naquela noite eu jantaria com eles, essa pessoa brincalhona me perguntou se eu consultara uma bibliografia especializada para preparar o encontro. Nada disso era necessário, porque os intelectuais verdadeiramente grandes são, na intimidade, as pessoas mais simples e despretensiosas, que conversam sobre tudo menos sobre suas próprias especialidades e obras. Também nessa noite conheci Marguerite Derrida, mulher do filósofo, psicanalista gentil e discreta.

Falamos, então, da possível ida de Derrida a São Paulo, e ele me disse que entrasse em contato com a funcionária da École Pratique encarregada de organizar sua viagem à América do Sul, sobre a qual ele não sabia nada. Era uma rede criada à sua revelia e ele não conhecia nem mesmo os interlocutores que o esperavam na Argentina e no Chile.

Durante os meses seguintes, trocamos algumas mensagens breves, e em dezembro tudo estava pronto para recebê-lo em São Paulo. Derrida não formulou nenhuma exigência, nem de remuneração, nem de hospedagem. Entretanto, considerando os parcos recursos da universidade pública, achei que ele merecia uma acolhida especial. Entrei em contato com Alcino Leite Neto, então responsável pelo caderno Mais! da *Folha de S.Paulo*, e o jornal logo se prontificou a patrocinar a estada do filósofo, tendo como única contrapartida uma entrevista exclusiva com ele antes de sua chegada. O jornal lhe daria o tratamento VIP que ele merecia, reservando-lhe um apartamento no charmoso L'Hôtel, na região da avenida Paulista, contratando o auditório do MASP para a conferência e remunerando-o de modo condigno, embora módico para o padrão norte-americano.

Estava tudo perfeito, até que apareceu a primeira pedra no caminho. A tal rede incluía um grupo de pesquisadores em psicologia sistêmica da PUC-SP, que logo começou a fazer reivindicações. Como, naquele ano, a PUC comemorava um aniversário, os psicólogos queriam que a conferência ocorresse no teatro da universidade, o Tuca. Temendo, por experiências prévias com outros convidados meus, que uma instituição privada usasse Derrida como autopublicidade, e tendo eu, pessoalmente, tratado de sua vinda em nome da USP, opus-me à realização da conferência no Tuca, argumentando que o auditório do MASP seria um local neutro e acessível a todos.

Tivemos algumas reuniões um pouco tensas, na *Folha*, com os colegas da PUC. Alcino Leite Neto e outros jornalistas ajudavam a evitar os atritos. Discutia-se quem participaria da mesa com Derrida, e até mesmo os banners que colocaríamos no palco, sendo que na USP, naquela ocasião, nem sabíamos o que era um banner. Mas permanecia o impasse sobre o local da conferência.

Vendo que a coisa não se resolveria entre nós, peguei o telefone e liguei para o número pessoal de Derrida, que ele me dera. Expliquei-lhe o ridículo problema, e ele me perguntou apenas: "Qual dessas universidades é pública?". Eu respondi: "A USP". Ele disse: "Então é a USP que decide". Derrida confirmava assim seu pensamento republicano com relação ao ensino e sua condição de professor de uma universidade pública e gratuita. Liguei em seguida para a colega da PUC, que ficou muito aborrecida e me acusou de "deslealdade" por ter posto a questão nas mãos de Derrida. Novas reuniões e decidimos pela repartição igualitária de representantes da PUC e da USP na mesa. Esta seria composta de Jeanne-Marie Gagnebin e Zeljko Loparic, da PUC-SP, Renato Janine Ribeiro e eu, da USP, e João Batista Natali, da *Folha*, como moderador. A conferência estava prevista para o dia 4 de dezembro, uma segunda-feira, no MASP, e os convites gratuitos, esgotados.

No domingo de manhã eu estava em casa e o telefone tocou. Era uma chamada de Santiago, e quem estava do outro lado da linha era um diplomata francês meu conhecido, que já havia sido adido cultural no consulado de São Paulo, função que agora exercia no Chile. Ele me disse que estava no aeroporto com Derrida e que este não pudera embarcar porque não tinha visto de entrada no Brasil. Naquele momento, o Brasil exigia esse visto, em contrapartida do visto exigido dos brasileiros pela França.

O diplomata passou o fone a Derrida, que parecia muito contrariado. Reclamou que ninguém o havia advertido da necessidade de visto; que, afora o diplomata que estava com ele, ninguém da embaixada francesa estava acessível para solucionar o problema; e que, se não obtivesse "imediatamente" esse visto, pegaria um voo direto para a França. Sentindo-o tão taxativo, eu lhe disse, ousadamente, que daria um jeito. Ele me deu o telefone do hotel para o qual voltaria e repetiu o ultimato. Se até as catorze horas não tivesse o visto, não viria a São Paulo. Missão quase impossível.

Desliguei o telefone e pensei: *Calma, tudo parece perdido, mas deve haver um jeito. Preciso apelar para alguém muito poderoso, capaz de resolver esse assunto num domingo, quando todos os serviços consulares estão inoperantes. Quem? Talvez o presidente Fernando Henrique Cardoso. Como chegar a ele? Através do colega e amigo Arthur Giannotti.*

Liguei para Giannotti e lhe expliquei o caso. Disse-lhe: "Você, que é amigo do presidente, peça-lhe que telefone à Varig dizendo que deixem o Derrida embarcar". Gianotti riu e disse: "Você pensa que é assim? Que o Fernando é algum ditador que passa por cima dos serviços diplomáticos?". Eu estava evidentemente muito aflita. Foi então que Giannotti me disse: "Sabe quem está aqui comigo, neste momento? O Fernando!". E eu retruquei: "Então pergunte a ele o que devo fazer". Giannotti falou com alguém que estava ao seu lado, voltou ao telefone e me passou o recado: "Telefone ao José Gregori e ele tomará as providências". Pensei então que era ótimo ter um presidente culto, que sabia quem era Jacques Derrida sem que fossem necessárias maiores explicações.

Liguei para José Gregori, que era o ouvidor-geral da República. Gentilíssimo como sempre, ele me disse que providenciaria uma solução. Pouco tempo depois, meu telefone tocou. Era de Brasília, e quem estava na linha era Sérgio Danese, meu ex-aluno na USP, então diplomata e futuro embaixador. Dei-lhe o número de telefone do hotel de Derrida, Sérgio me disse que falaria com os colegas de Santiago e que tudo seria rapidamente resolvido. De fato, algumas horas mais tarde (e antes das catorze horas!) meu telefone tocou de novo e era Derrida, num humor totalmente diverso do da conversa anterior. Estava simplesmente encantado. Um funcionário do consulado do Brasil havia comparecido pessoalmente a seu hotel com os carimbos e formalizara o visto. Com certeza, todos os astros estavam favoráveis, naquele domingo. As pessoas certas estavam todas em casa, e foram de uma eficiência espantosa.

Mais tarde, quando conheci melhor Derrida, compreendi sua extrema contrariedade com o problema do visto e sua satisfação por ver-se tão bem tratado oficialmente. Ainda estava viva nele a lembrança da péssima experiência que tivera em 1981, na Tchecoslováquia ainda comunista, onde ele fora preso por um suposto tráfico de drogas (plantadas pela polícia em sua mala) e liberado depois por intervenção direta do presidente Mitterrand. E também, talvez, a lembrança remota de ter sido expulso do liceu francês por ser judeu, em sua Argélia natal, quando tinha apenas onze anos e a França estava sob ocupação nazista. O tema da hospitalidade, que tanto o ocuparia nos anos seguintes, tinha muito a ver com essa experiência infantil e com a da prisão. Barreiras e riscos institucionais de rejeição abriam, nele, velhas feridas.

Até o fim da vida, o filósofo gostava de lembrar publicamente essa história do visto brasileiro, e se sentia grato com relação a Fernando Henrique Cardoso, a quem enviou um livro e dirigiu algum tempo depois uma carta aberta, publicada no jornal *L'Humanité*. Nessa carta, ele pedia ao presidente a soltura de José Rainha, preso na ocasião, e atenção para com os sem-terra. O que ele não sabia é que esse pedido político tinha pouca chance de ser acolhido com a mesma boa vontade presidencial quanto fora o pedido diplomático de visto. Em 2001, no Rio de Janeiro, ao ser perguntado por Augusto Boal se era bom um presidente ter um "conselheiro filósofo" (no caso, Fernando Henrique e Giannotti), Derrida fechou-se em copas e não disse nada. Ele era grato e fiel àqueles que tinham facilitado sua vinda ao Brasil.

Voltando ao dia 4 de dezembro de 1995: ele chegou a São Paulo e levamo-lo ao L'Hôtel. No caminho, ele me disse que tinha ficado contrariado e não havia voltado para o mesmo hotel, em Santiago, porque sua mãe lhe ensinara que, quando uma viagem é frustrada, dava azar voltar ao ponto de partida. Soube também, depois, que ele carregava sempre na mala o *talit*, xale de oração judaico que seu pai lhe dera. Decididamente, eram complexas as relações daquele ateu com a transcendência, e daquele intelectual com suas origens sefarditas.

À tarde, fui buscá-lo para a conferência. Na entrada do MASP, já tomado por uma multidão, estavam o cônsul e o adido cultural da França. Quando eles se apresentaram, Derrida reagiu com frieza, dizendo-lhes que os serviços diplomáticos franceses no Chile eram "nulos", enquanto os serviços brasileiros eram "admiráveis". O cônsul francês, ofendido, retirou-se de imediato. A conferência, intitulada "História da Mentira", que antecipava em uma década a discussão sobre as fake news, teve um público de seiscentas pessoas. Depois do evento, Alcino perguntou-lhe em que tipo de restaurante desejava jantar. "Japonês", respondeu Derrida. Nos dias subsequentes, a escolha foi sempre a mesma, pois ele explicou que estava a caminho de se tornar vegetariano. Felizmente, bons restaurantes japoneses não faltam em São Paulo.

Além dessa conferência, Derrida só tinha um compromisso: um encontro com os psicólogos da PUC, que correu aparentemente muito bem, embora ele me tenha confessado que não sabia o que era "psicologia sistêmica". Passamos então três dias inteiros passeando por São Paulo. Levei-o ao centro da cidade e ao parque Ibirapuera, onde ele examinou atentamente a arquitetura de Niemeyer. Fomos recebidos e ciceroneados no MASP por uma simpática curadora, que o fotografou junto a um busto de Voltaire. Quantas voltas já deu a filosofia francesa, pensei; mas nem tanto, afinal, porque Derrida era, à sua maneira, um herdeiro das Luzes, um defensor dos direitos do homem. Em off, a curadora comentou que ele era "um gato".

As longas conversas que tivemos foram preciosas para mim. Falamos de Barthes, por quem ele tinha uma grande admiração e amizade, de Philippe Sollers e o grupo *Tel Quel*, pelos quais já não tinha a menor estima. Depois de terem aprendido muito com ele (isso, quem diz sou eu), os componentes do grupo seguiram caminhos políticos duvidosos e tornaram-se críticos ferozes e sarcásticos de Derrida. Em nossos vários encontros, ele me deu presentes sérios (seus livros) e alguns curiosos, como uma página de revista de moda americana que exibia um "blazer desconstruído". Ele comentou, então, que se tivesse registrado o copyright da palavra "desconstrução" teria ficado milionário. Até mesmo Woody Allen a usou num título de filme: *Desconstruindo Harry*, de 1997. A desconstrução derridiana também deu nome a uma importante corrente da arquitetura contemporânea.

Organizei um almoço no campus da USP, com os colegas do departamento de filosofia. Poucos compareceram porque o departamento estava dividido entre filósofos analíticos, que consideravam Derrida "literário", marxistas que o tinham por reacionário e outros simplesmente desinteressados. Entre os independentes que vieram almoçar com Derrida, estava Olgária Matos, que foi a animadora da conversa. Sem saber das divergências departamentais, Derrida gostou muito do clube dos professores, e encantou-se com os enormes bambus que compõem aquele resto de Mata Atlântica. Ele cultivava bambus em seu quintal, nos arredores de Paris.

Um dos melhores momentos de sua estada em São Paulo foi um jantar em minha casa, com Haroldo de Campos. Desde sua chegada, Derrida manifestara seu desejo de encontrar Haroldo, que ele só vira uma vez, mas de quem guardava uma ótima lembrança. Esse jantar, em princípio, devia ser para várias pessoas, pois amigos interessados em estar com Derrida não faltavam. Entretanto, conhecendo a loquacidade de Haroldo e o gosto de Derrida pela conversa individual, decidi convidar somente os dois. Foi um acerto, porque raramente vi dois intelectuais tão felizes por conversar um com o outro. Algum tempo depois, Derrida escreveria um texto em homenagem a Haroldo, no qual se referia àquela "noitada abençoada" (*soirée bénie*) em minha casa.

Chegado o dia de sua viagem de volta, levei-o ao aeroporto. Só na última hora, resolvi interrogá-lo sobre um assunto literário. Disse-lhe que tinha pensado muito sobre sua afirmação de que a crítica literária pertencia ao "mimetologismo metafísico". Como ocorreria depois, em outras situações em que era citado, Derrida ficou inquieto: "Eu disse isso? Quando? Onde? Em que contexto?". Respondi que foi em *A escritura e a diferença*. Sua inquietação provinha do enorme senso de responsabilidade que ele tinha com relação a tudo o que dizia e escrevia. Sobre a crítica literária, ele me respondeu que aquela afirmação se referia a um tipo de crítica idealista e datada e que, de modo algum, ele preconizava o fim de toda crítica. E reafirmou sua convicção da importância, no ensino, do conhecimento da tradição literária.

De volta a Paris, ele me mandou um cartão-postal: a reprodução de um quadro do americano Mark Tansey, paródia de um Cézanne em que os "banhistas" são ele e outros astros da *French theory*. O cartão tinha um texto melancólico, falando de suas saudades do Brasil, da tristeza meteorológica de Paris e sua contrariedade por ter me telefonado e não ter me encontrado em casa. Alguns anos depois eu lhe perguntei sobre o que estava ocorrendo com ele no momento daquele cartão, e ele me disse para ler determinado texto dele em *Voiles* (1998), livro escrito em colaboração com Hélène Cixous. Li e continuei não entendendo.

Estranho e precioso cartão do autor de um livro intitulado *La Carte postale* (1980), que contém toda uma reflexão sobre o correio, o telefone, as distâncias. Ele aí diz: "Lembrei-me de que você está na outra ponta do oceano...". Em adendo, ele escreveu: "Você reconhecerá Barthes, à esquerda; estou de pé perto dele". Sabendo de minha filiação a Barthes, ele estava se associando ou se substituindo a ele? Estariam formando uma dupla como Platão e Sócrates, na imagem longamente analisada em *La Carte postale*? Nunca desvendarei totalmente a mensagem desse cartão. De qualquer modo, em suas considerações psicanalíticas sobre o gênero cartão-postal, ele diz que a mensagem é sempre "sem resposta". Resta, como a única coisa certa, a reafirmação de sua afeição.

Em 2001, Derrida veio novamente ao Brasil, mais precisamente ao Rio, onde se instalaram os Estados Gerais da Psicanálise. O encontro foi organizado pela psicanalista Helena Besserman Vianna e o filósofo veio acompanhado do também psicanalista René Major. O *Jornal do Brasil* comentou fartamente os bastidores administrativos do evento, repercutindo rumores e polêmicas sobre seu financiamento por uma empresa privada que cobrou ingressos muito caros, impossibilitando os estudantes de assistirem às discussões. A revista *Veja* apimentou o assunto, dizendo que Derrida só foi visto nos restaurantes caros do Rio (como se a escolha fosse dele). O cônsul francês ficou contrariado, porque o filósofo vinha "em missão", portanto suas conferências deveriam ser abertas ao público em geral.

O empresário argumentou que os ingressos eram caros porque Derrida tinha pedido uma remuneração muito alta por sua participação. O jornalista Paulo Roberto Pires telefonou então para o Copacabana Palace e perguntou diretamente ao filósofo quanto ele havia cobrado. Ele respondeu sucintamente: "Nada". Quando conseguiu entender a confusão, Derrida ficou muito contrariado. Embora tenha sido brilhante em suas falas públicas, nos momentos de privacidade ficava silencioso e de cara amarrada. Antes de uma das sessões, nos bastidores, vi que estava angustiado. Lembrei-me então de uma frase dita por Barthes a seu respeito: "Sua solidão vem do que ele vai dizer". De fato, quando ia falar, ele tinha plena consciência de que suas falas corriam o risco de serem mal interpretadas.

O último jantar, servido luxuosamente no Country Club do Rio, decorreu num clima pesado. Derrida estava de péssimo humor. Sentindo-me numa saia justa, entre Helena Besserman Vianna e Derrida, que me fazia perguntas às quais eu não podia responder sem me mostrar ingrata para com a estimada psicanalista que me convidara e me hospedara, decidi voltar para São Paulo antes da data prevista.

No último dia, um domingo de sol, estava previsto um passeio de barco pela baía da Guanabara, ao qual eu renunciei alegando um compromisso. Já de mala pronta, fui despedir-me de Derrida e René Major, que estavam tomando café à beira da piscina do Copacabana Palace. O filósofo, que já tinha entendido tudo, disse-me maliciosamente: "*On ne vous mène pas en bateau!*". Essa expressão idiomática quer dizer, ao pé da letra, "você não é levada no barco"; mas seu sentido verdadeiro é "você não se deixa enganar". Pelo visto, nem ele.

Nos anos seguintes, estive com Derrida regularmente em Paris, em cada uma de minhas estadas na cidade. Às vezes, cruzava com ele na Maison des Sciences de l'Homme, onde ele passava sempre correndo. Eu frequentava seus seminários no Boulevard Raspail, às quartas-feiras. Era preciso chegar uma hora antes para achar lugar. O público era mais estrangeiro do que francês. Derrida chegava pontualmente, carregando duas enormes sacolas pretas cheias de livros, e atravessava um corredor cheio de ouvintes fiéis que o aguardavam. Já no auditório, olhava para o relógio de parede e só começava a falar quando os ponteiros marcavam exatamente dezesseis horas. Falava durante uma hora e meia, sempre a partir de um texto escrito.

Nos últimos anos, os temas de suas aulas eram diretamente ligados a graves questões do mundo contemporâneo: a hospitalidade, o perdão, a justiça, a tortura, a pena de morte, o direito dos animais, temas que, com o passar do tempo, seriam elevados à ordem do dia. Suas aulas, como suas últimas entrevistas, eram formuladas numa linguagem muito clara, diferente daquela usada em seus primeiros livros, os quais lhe valeram a má fama de ser incompreensível. Era fascinante ver aquele pensamento se expondo, se arriscando, e alcançando momentos de grande beleza formal. Seu pensamento estava sempre suspenso, entre o risco do inédito e a chance aberta do porvir.

Às vezes, ocorriam debates acalorados, como numa vez em que ele censurou o Estado de Israel por ter considerado que a tortura era um meio válido para combater o terrorismo e um ouvinte judeu o contestou. Depois da aula, um pequeno grupo ia com ele para um café na pracinha Notre-Dame-des-Champs. Numa dessas vezes, me vi cercada de jovens derridianos japoneses, muito reverentes. A audiência de Derrida era internacional, o que provocava a inveja de outros mestres exclusivamente parisienses.

Depois desse café habitual com discípulos, fui várias vezes, com Marguerite e ele, jantar em algum restaurante da vizinhança. A última vez que isso aconteceu foi em março de 2003, num restaurante de Montparnasse, em companhia de seu grande amigo, o filósofo Jean-Luc Nancy. A conversa girou sobre religião, com algumas piadas judaicas que Derrida gostava de contar. Uma delas era a seguinte: "Vocês sabem por que se tem certeza de que Jesus era judeu? 1) ele viveu com a mãe até os trinta anos; 2) a mãe pensava que ele era Deus; 3) ele transformou a pequena marcenaria do pai numa multinacional poderosíssima". Durante aquele jantar ele disse que o que mais o atraía na religião católica era a comunhão. Não tão surpreendente, se pensarmos que sua militância política era pelo congraçamento dos homens.

A última estada de Derrida no Brasil se deu em agosto de 2004, por ocasião de um colóquio em sua homenagem organizado por seu ex-orientando Evando Nascimento. O filósofo já estava gravemente atingido pelo câncer de pâncreas que o mataria alguns meses depois. Corajoso, viajou sozinho. Na véspera de sua viagem, meu telefone tocou, atendi e ouvi sua voz: "Leyla, é Jacques. Proteja-me no Rio". Eu o tranquilizei: "Todos nós cuidaremos muito bem de você". E, de fato, ele foi cercado de cuidados por todos os que o receberam. Jean-Paul Lefèvre, adido cultural francês na ocasião e por acaso ex-aluno meu da Sorbonne, assegurou-lhe toda a comodidade nos transportes e nos recintos da Maison de France. Evando e os cariocas se desdobraram em atenções.

Ele estava terrivelmente mudado. Já não era "o gato" que a curadora do MASP apreciara, o câncer o transformara num velhinho. Ao vê-lo enfraquecido e abatido, os amigos que o acolheram tiveram de fazer um esforço para não demonstrar tristeza e, depois, para evitar o assédio de admiradores pedindo autógrafos e fotos. Derrida foi admirável durante todo o colóquio. Assistiu a todas as comunicações e ainda achava forças para intervir nos debates. No último dia, concedeu uma rápida sessão de autógrafos. Na saída da Maison de France, protegido pelos amigos, uma senhora pediu licença para que sua filha adolescente lhe desse um beijo. Ele comentou, bem-humorado: "Agora que estou velho e doente as mulheres querem me beijar!". E pôs a mão na cabeça da menina, como um rabino que abençoa.

No dia seguinte, fui com Evando acompanhar seu café da manhã no hotel. Ele estava com sua tradutora americana Peggy Kamuf, que viera ao Rio especialmente para vê-lo e se hospedara no mesmo hotel para acompanhá-lo de perto. Derrida tirou, de sua inseparável sacola de livros, o último presente que me deu, entre tantos outros: uma gravação em disco de *Circonfession* (1991), a mais pessoal de suas obras. Despedimo-nos como se fosse um simples "até logo".

Em outubro do mesmo ano, resolvi ir a Paris. Eu não sabia muito bem o que ia fazer lá, mas fui. Quando cheguei, Jean Galard me disse que Derrida estava hospitalizado e seria operado. No dia seguinte, depois de falar com Jean-Luc Nancy, o mesmo amigo me disse que ele havia melhorado. Mas, poucas horas depois, ligou-me e disse: "Acabou". Compreendi, então, que eu tinha ido a Paris para assistir ao enterro de Derrida.

O féretro saiu no dia seguinte, do hospital da Rue d'Ulm, ao lado da École Normale Supérieure, onde ele ensinara por vinte anos. A rua estava tomada por uma multidão, na qual se podiam reconhecer várias personalidades. Alguém comentou que, se caísse ali uma bomba, mataria a metade da intelectualidade francesa. Com um casal de conhecidos, segui para o cemitério de Ris--Orangis, subúrbio de Paris onde moravam Jacques e Marguerite.

Foi um enterro laico, num cemitério cristão. A cerimônia de adeus foi simples e tocante. Ao pé do túmulo, seu filho Pierre leu um texto:

> Jacques não quis nem ritual nem oração. Ele sabe, por experiência, que provação isso representa para o amigo que se encarrega de o fazer. Ele me pede para agradecer-lhes por terem vindo, para abençoá-los, ele lhes suplica que não fiquem tristes, que só pensem nos numerosos momentos que vocês lhe deram a chance de partilhar com ele. Sorriam para mim, como eu lhes sorri até o fim. Prefiram sempre a vida e afirmem sem cessar a sobrevida... Eu os amo e lhes sorrio, de onde quer que eu esteja.

Ao meu lado, estava Michel Deguy, seu amigo desde a juventude. Terminado o trabalho dos coveiros, os presentes se revezaram para jogar na tumba um pouco de terra e deixar uma pedrinha. Peggy Kamuf tinha vindo da Califórnia, e Fernanda Bernardo, tradutora portuguesa do filósofo, depositou uma rosa que trouxera de Coimbra. Na saída, a fila para cumprimentar Marguerite era tão longa que decidi não entrar nela. Mas Marguerite me viu e me chamou, dando mais uma prova de sua força e delicadeza.

Algum tempo depois, Jean Galard disse uma das coisas mais bonitas e justas que ouvi sobre Derrida: "Estou lendo os livros dele que ainda não tinha lido. Agora que ele parou de escrever e publicar, podemos nos tornar seus contemporâneos". Derrida estava tão à frente de sua época que muitos ainda não o compreendem. Ou pior, recusam-no sem o haver lido. Identificam desconstrução com destruição, quando ela é uma leitura crítica do passado, com vistas a um futuro mais satisfatório. Pensam que a desconstrução derridiana foi um modismo quando, na verdade, ela continua a inspirar pensadores do mundo inteiro. Em dezembro de 2019, o historiador das ideias François Cousset (autor do livro *French Theory*, 2008) publicou na revista *L'Obs* um artigo intitulado "Como a desconstrução deu a volta ao mundo", no qual dizia: "Agora que essa voz tão singular se calou, o que resta dela? Por detrás do desdobramento de um único paradoxo, restam as questões maiores levantadas ao correr das páginas, que fazem a atualidade de Derrida: 'A incondicionalidade' como ética, na hospitalidade devida aos migrantes, por exemplo, ou 'o impossível' como exigência com respeito à democracia".

O historiador comenta, enfim, os diversos prosseguimentos ativos que a "desconstrução" tem atualmente, não tanto na França mas nos "países do Sul" (Hong Kong, Índia, Japão, Peru e Brasil), além de sua persistência nos Estados Unidos. Como antirracista e anticolonialista, ele é principalmente lembrado na África do Sul, onde esteve com Nelson Mandela em 1998, acompanhando a Comissão da Verdade e Reconciliação. As publicações, agora em curso, das milhares de páginas redigidas por ele para seus seminários, darão uma visão mais justa da amplidão e do alcance de seu pensamento.

Eduardo Lourenço revisitado

Não preciso dizer que o ensaísta português Eduardo Lourenço (1923-2020) foi um homem extraordinário. Inúmeras pessoas já o disseram, e os prêmios e condecorações que recebeu em Portugal e em outros países o comprovam. Sua vida começou discreta e teve um final consagrador. Ele nasceu numa aldeia da região da Beira, estudou na Universidade de Coimbra e, ainda jovem, foi estagiário em Bordeaux, onde conheceu a hispanista francesa Annie Salomon, com quem se casaria em 1954. Nos anos seguintes, deu aulas em Grenoble, Hamburgo, Heidelberg, Montpellier e Salvador, até se instalar na França como professor de cultura hispânica na Universidade de Nice, da qual se aposentou em 1988. Depois disso, foi conselheiro cultural da embaixada de Portugal em Roma. Em 2007 criou-se a cátedra Eduardo Lourenço de história da cultura portuguesa na Universidade de Bolonha, e, em 2016, foi nomeado conselheiro de Estado em seu país. Embora tenha passado a maior parte de sua vida fora de Portugal, permaneceu profundamente lusitano.

Sua obra é um monumento da língua portuguesa e da literatura europeia. Seus ensaios de cunho filosófico e político, reunidos sob o título de *Heterodoxias*, foram discutidos desde cedo em Portugal. Seu livro *O labirinto da saudade: Psicanálise mítica do destino português* (1978) é uma notável reflexão sobre seu país. Em 1988 recebeu o Prêmio Europeu de Ensaio pelo livro *Nós e a Europa*. Destacou-se também como crítico literário, com numerosas obras entre as quais avultam *Tempo e poesia* (1974), *Fernando Pessoa revisitado* (1973) e *Fernando, rei da nossa Baviera* (1986). Além de certeiros e originais, todos os seus textos são obras de grande beleza estilística, ricos em metáforas poéticas.

Pondo entre parênteses essa obra monumental, é do homem Eduardo Lourenço que me lembrarei sempre. Baixinho e despretensioso, tinha uma presença marcante, iluminada por uma inteligência agudíssima e um bom humor inalterável, com um brilho de ironia a cintilar nos olhos irrequietos. Essa ironia era também a autoironia de alguém que jamais assumia ares de autoridade.

Quando comecei a escrever sobre Pessoa, em 1974, ele acabara de publicar o melhor ensaio até hoje escrito sobre o poeta: "Fernando Pessoa revisitado". Posteriormente, ao tomar conhecimento desse livro, fiquei um pouco envergonhada da pequenez de meus artigos, mas ao mesmo tempo feliz pela afinidade de minha leitura com a dele. Essa afinidade não era casual. Décadas antes de eu me aventurar na obra pessoana, ele já tinha uma visão afinada com a de Adolfo Casais Monteiro, que fora meu iniciador no estudo dessa obra.

Foi como participante de numerosos encontros pessoanos que pude gozar da convivência com Eduardo. Ao longo do tempo, estabeleceu-se uma grande amizade assimétrica, já que sempre me senti sua discípula, não apenas com relação a Pessoa, mas em termos de cultura geral, pois a sua era prodigiosa. Nossa amizade também era peripatética. Explico-me: nos intervalos dos eventos em que participamos, ambos gostávamos de caminhar conversando, ele falando e eu ouvindo. Num colóquio em Royaumont, em 1986, dávamos voltas e mais voltas no jardim da abadia francesa. Em 1997, os passeios foram no parque do castelo de Cerisy. Falávamos de literatura e também ríamos muito dos mal-entendidos linguísticos e comportamentais entre portugueses e brasileiros. A mais longa conversa caminhante que tive com ele foi na cidade do Porto, no mesmo ano de 1997, por ocasião de um colóquio em homenagem a Adolfo Casais Monteiro.

O colóquio terminou numa sexta-feira e, no sábado de manhã, a maioria dos participantes já tinha partido. Sobramos, no hotel, Eduardo e eu, que tínhamos voos marcados para a tarde. Como eu ainda conhecia mal a cidade, ele se ofereceu para me mostrar algo dela. Era uma manhã ensolarada de maio. Ele me levou a uma praça arborizada perto do hotel, a Rotunda da Boa Vista, e começamos a andar. Eduardo pôs-se a falar das relações históricas de Portugal com o Brasil. Seus passinhos eram curtos, sua voz era suave e o fluxo de sua fala regular e constante, como se ele estivesse desenrolando seus pensamentos. Depois de uma hora de caminhada em círculo, em torno do monumento com o leão de Portugal esmagando a águia da França, aproveitei uma breve pausa e lhe disse: "Eduardo, acho que estamos sempre no mesmo lugar". Ele olhou em volta, espantado com a realidade do espaço e do tempo, e concordou.

Como já era meio-dia, propôs que fôssemos almoçar. Entramos num pequeno restaurante, não porque ele o tivesse escolhido, mas porque foi o primeiro que viu do outro lado da praça. O estabelecimento modesto, com mesinhas cobertas de papel, não honrava a fama do Porto como cidade gastronômica. Ali comemos qualquer coisa, enquanto ele retomava o tema de sua fala caminhante. Quando terminamos, já era hora de voltar ao hotel para pegar as malas e ir para o aeroporto. Assim, meu conhecimento do Porto ficou para uma outra vez, sem que eu o lamentasse. A cidade estaria sempre disponível, o Eduardo, não.

Eduardo era assim, absorto em seus pensamentos e generoso ao revelá-los. Fama de distraído, ele já tinha. Sua mulher Annie, que era também sua tradutora, me disse que não podia deixar com ele os documentos e o cartão de crédito, porque ele os perdia. Certa vez, ele me ofereceu uma cópia de um artigo inédito sobre Pessoa, e me advertiu: "Falta uma página que não sei onde foi parar". Ele era muito loquaz, mas era também um ouvinte muito atento. Em todos os colóquios, ouvia todas as comunicações, tomava notas e fazia perguntas na hora dos debates. Como se ainda tivesse algo a descobrir sobre Pessoa nas falas de outros.

Durante esses encontros, várias vezes fomos hóspedes do modesto Hotel Príncipe em Lisboa, do qual ele era freguês por causa de sua proximidade com a Fundação Gulbenkian. Ali, só privava com ele no café da manhã, porque em outras horas do dia ele ficava na sala de recepção do hotel, sentado num sofá e rodeado de numerosos estudantes, sequiosos de ouvir seus conselhos e encantados com suas falas.

Durante um congresso fora de Portugal, presenciei outra faceta de Eduardo. Depois de um banquete, houve uma sessão musical na qual se apresentou uma fadista bem tradicional, com xale preto e semblante trágico. Enquanto outros portugueses se emocionavam com as canções e cantavam juntos, Eduardo se encolheu atrás das cadeiras à sua frente e disse: "Que vergonha!". O maior intérprete de Portugal não gostava de fados, talvez pela associação do gênero com o salazarismo detestado de sua juventude.

Em 2013, ousei pedir, por telefone, que ele escrevesse umas linhas para serem publicadas num livro meu sobre Pessoa, que seria publicado na França. Se soubesse, então, que sua mulher estava muito doente, eu não teria ousado. O que me encorajava era que muitas vezes ele manifestara publicamente seu apreço por minhas leituras do poeta. Apenas algumas linhas na quarta capa me encheriam de orgulho. Ora, pouco tempo depois ele me enviou um belíssimo prefácio, intitulado "Pessoa como pura virtualidade", no qual ele falava não apenas de meu livro, mas também da recepção de Pessoa no Brasil, homenageando ainda Cleonice Berardinelli e Benedito Nunes. No último congresso pessoano de que participou, foi esse texto que ele leu para o público. Quando estive em Lisboa, em 2018, tinha como prioridade revê-lo e agradecer-lhe outra vez. Infelizmente, seu telefone não atendia. Soube depois que ele tinha ido à França, para mais uma homenagem.

Termino essas lembranças com um gesto de Eduardo que não presenciei. Ele foi registrado numa entrevista dada a um brasileiro, Claudio Leal, publicada na *Folha de S.Paulo* em setembro de 2016. Passeando pelo jardim da Fundação Gulbenkian, depois de tratar de grandes assuntos relativos à Europa e ao Brasil, ele teria se detido diante de uma sebe florida e dito: "Que coisa! É uma rosinha. Fico encantado. Não sei qual é o nome". Eduardo está todo nesse instantâneo: a insaciável curiosidade, a delicadeza e o amor ao mundo. O melhor do ser humano.

Ao saber de sua morte, fiquei saudosa, mas não triste. Ele teve uma existência longa e plena, como merecia. Seu casamento com Annie durou a vida inteira e ele recebeu em vida o reconhecimento de seus méritos. O dia seguinte à sua morte foi decretado de luto nacional e seu enterro foi precedido de uma missa de corpo presente no Mosteiro dos Jerónimos, que ele chamava de "jardim de pedra". O Estado português sabe, como poucos outros, homenagear seus escritores. Diferentemente de outros países, que comemoram o dia da pátria lembrando eventos políticos e guerreiros, o dia nacional português, 10 de junho, celebra Camões.

Flashes

Roman Jakobson (1896-1982) foi um dos maiores linguistas do século xx. Nascido na Rússia, participou dos movimentos de vanguarda dos primeiros tempos da Revolução, que foram coibidos em seguida pelo stalinismo. Instalou-se então na Tchecoslováquia, onde fez parte do Círculo Linguístico de Praga, e posteriormente em outros países europeus, até radicar-se de forma definitiva nos Estados Unidos, na Universidade Harvard. Exerceu grande influência sobre os estruturalistas franceses Claude Lévi--Strauss, Jacques Lacan e outros.

Em 1967, o linguista veio a São Paulo para fazer uma conferência. Era o início do interesse dos universitários brasileiros pelo estruturalismo, que tinha o formalismo russo como precursor. Embora ele fosse cidadão americano, os serviços diplomáticos dos Estados Unidos não se interessaram por suas atividades. O consulado da França logo atentou para a importância dessa visita e, habilidosamente, colocou-a sob a sua égide.

A conferência do linguista devia acontecer no teatro da Aliança Francesa; mas a multidão que ali compareceu não cabia no recinto. Por isso, decidiu-se que o evento seria transferido para o auditório da Biblioteca Municipal. Ocorreu, então, um fato inédito: dezenas de pessoas correndo pelo centro de São Paulo atrás de um conferencista que, apesar de seus 71 anos, desenvolvia uma boa velocidade, e outras dezenas de pessoas olhando e tentando entender aquela estranha passeata.

Jakobson fez sua conferência em francês, depois de anunciar: "*Je parle russe en plusieurs langues*" [Falo russo em várias línguas]. E seu sotaque o confirmava. A conferência era uma análise linguística de um poema de Fernando Pessoa, e deixou o público dividido entre entusiastas e céticos.

Num outro dia, o poeta José Paulo Paes (1926-1998), seu tradutor em português, ofereceu uma feijoada para ele, em sua casa. Coube a mim levá-lo a Santo Amaro, em companhia de Haroldo de Campos. Durante o percurso, o linguista ficou muito interessado numa pulseira esmaltada que eu usava, examinou-a minuciosamente e fez muitas perguntas sobre ela. Além de tudo o que aprendi com Jakobson em seus livros, guardei dessa sua visita duas lições práticas: 1) os verdadeiros poliglotas não se preocupam com seus sotaques, apenas falam; 2) as grandes mentes se interessam por tudo, inclusive por aquilo que não tem nada a ver com suas especialidades.

* * *

Em dezembro de 1968, eu estava em Paris, com uma *allocation* do governo francês. Um colega carioca, Roberto Ballalai, também estava lá, com o mesmo tipo de bolsa. Ele fazia uma pesquisa sobre Samuel Beckett. Tínhamos ambos um documento oficial de identidade que nos qualificava como "*personnalités étrangères*" e solicitava especial atenção das autoridades para conosco. Roberto estava hospedado num hotel vizinho da Sorbonne. Em virtude dos recentes acontecimentos do mês de maio, as ruas daquele quarteirão ainda tinham os paralelepípedos revirados e estavam fechadas pela polícia. Mostrando nossos cartões oficiais, nós circulávamos por ali livremente.

Um dia, estávamos os dois passando na Rue de Vaugirard, atrás do Théâtre de l'Odéon, vimos uma porta semiaberta e Roberto sugeriu que entrássemos por ela, para espiar o que estava acontecendo lá dentro. Aventuramo-nos por corredores pouco iluminados e, de repente, estávamos na sala do teatro, onde ocorria um ensaio. Sentamo-nos sorrateiramente na última fila.

Era um ensaio de *Oh Les Beaux jours*. No palco iluminado, vimos a grande atriz Madeleine Renaud no papel de Winnie, enterrada na "areia" até a cintura, com o guarda-chuva aberto. Ela ia dizendo seu texto até que, de repente, ouvimos uma voz forte dizendo-lhe para parar. Ela se calou, e vimos, erguendo-se nas primeiras fileiras, um homem muito alto e magro, que dava instruções à atriz. Quando ele se virou, reconhecemos o perfil de águia de Samuel Beckett (1906-86). A peça havia estreado em 1963, sob a direção de Roger Blin, e estava sendo reapresentada. A intervenção do autor, a que assistimos, demonstrava a atenção que ele dava às montagens de seu texto.

Roberto e eu ficamos ali mais algum tempo, deslumbrados com a visão de Beckett, e depois saímos de fininho pelo mesmo caminho que tínhamos seguido ao entrar. Evitamos, assim, o risco de que duas *personnalités étrangères* fossem vergonhosamente chutadas para fora de um lugar onde eram apenas dois xeretas brasileiros.

* * *

Fiquei amiga do medievalista Paul Zumthor (1915-1995) graças a um band-aid. Explico. Zumthor veio a São Paulo pela primeira vez no início dos anos 1980 e se hospedou na casa de um colega francês da USP. Fui buscá-lo ali para um encontro e ele, desajeitado, machucou o dedo ao fechar uma janela. Tirei um band-aid de minha bolsa e o socorri. Zumthor ficou encantado com minha previdência, como se fosse algo extraordinário.

Na verdade, extraordinário era ele. Linguista, historiador, poeta e romancista, Zumthor nasceu na Suíça, ensinou em universidades europeias e americanas e publicou dezenas de livros, principalmente sobre a literatura medieval e a oralidade poética. Sua intensa atuação foi quase que exclusivamente universitária, não midiática, por isso ele não era conhecido do grande público. Mas era respeitadíssimo nos meios intelectuais, e suas obras, traduzidas em vários idiomas, continuam suscitando inúmeros estudos e colóquios. No Brasil, sua discípula mais renomada foi Jerusa Pires Ferreira (1938-2019), que publicou vários livros sobre literatura oral.

Gentil e distraído, com seus óculos de míope e seu bigode, Zumthor me lembrava o Professor Girassol, personagem das Aventuras de Tintim. Desde 1971, vivia com sua mulher Marie-Louise Ollier em Montreal, e foi lá que o reencontrei mais de uma vez. Zumthor falava várias línguas estrangeiras e, cada ano, estudava mais uma. Quando o conheci, estava estudando japonês. Com a idade, tornara-se, mais que um homem de saber, um homem de sabedoria. Era um privilégio conversar com ele sobre suas especialidades e sobre as coisas da vida.

Outra circunstância fez com que nossa amizade se estreitasse. Albert Audubert, meu colega na USP, era seu amigo desde a juventude. Ambos haviam trabalhado na elaboração do grande dicionário etimológico de Von Wartburg, nos anos 1950. Em função dessa amizade, Zumthor comprou uma casa de campo na região natal de Audubert, a Corrèze, e foi lá que estive uma vez com ambos, nos anos 1980, contemplando as belas paisagens do rio Dordogne e degustando a suculenta cozinha local.

Na última vez em que vi Paul Zumthor, ele me deu seu livro *La Mesure du monde: Représentation de l'espace au Moyen-Âge*, com a seguinte dedicatória: "*À la mesure de 20 ans d'amitié*".

* * *

Albert Audubert (1929-2006) nasceu numa família camponesa e se tornou *agrégé* de gramática e professor universitário. Passou doze anos em São Paulo, como catedrático de francês na USP. De volta à França, em 1974, deu aulas na Universidade de Bordeaux e militou pelo ensino da língua portuguesa no país. Também exerceu intensa atividade política em sua região. Representando o Partido Socialista, foi prefeito de sua cidadezinha, La--Chapelle-aux-Saints, e depois conselheiro-geral da região Beaulieu-sur-Dordogne.

Audubert era uma figura e tanto. Um jornalista seu conterrâneo assim o descreveu, em 1979: "Um homem forte em todos os sentidos do termo. Fisicamente, sobretudo quando ele chega com sua boina basca: parece um jogador de rúgbi, por sua corpulência e sua fala. Forte, ele é também e ainda mais no plano intelectual. Esse homem que conservou, de suas origens camponesas, a simplicidade de maneiras, o ar bonachão e o amor por seu cantinho de terra é um brilhante universitário".

Para completar esse retrato, faltou dizer o quanto ele era abrasileirado. Nenhum dos professores franceses que passaram por aqui se integrou tanto como ele à sociedade e à cultura paulista. Falava português fluentemente, era amigo e colaborador de intelectuais e artistas. E quando saía à rua era cumprimentado por vendedores ambulantes e populares em geral. Em sua longa estada na cidade, exercia o papel de adido cultural francês não oficial. E ao voltar à França acolhia dezenas de brasileiros como um embaixador informal. Sua hospitalidade era transatlântica. O interior de sua bela casa em La-Chapelle-aux-Saints era todo decorado com móveis de jacarandá e quadros brasileiros. Tinha também uma placa da rua em que morara em São Paulo, a alameda Santos. De tanto receber brasileiros, seus familiares camponeses entendiam e falavam um pouco o português.

Na USP, foi um grande professor. Com sua voz possante, fazia os alunos rirem e, às vezes, quase chorarem, porque era um grande gozador que gostava de parecer severo. Quando uma aluna ia mal numa prova, ele bradava: "*Malheureuse!*" [Infeliz!]. Com esse mesmo humor falsamente sádico, uma vez ele pregou uma peça numa candidata ao curso de especialização em francês. Como teste, deu-lhe para traduzir um dos contos mais difíceis de Guimarães Rosa, "Soroco, sua mãe, sua filha". A *malheureuse* pegou um dicionário português-francês e traduziu o conto palavra por palavra, mantendo a mesma ordem do original. O resultado foi um texto francês estranhíssimo, às vezes hilário, às vezes de uma beleza poética surpreendente. Audubert gostava de ler esse texto em voz alta para os amigos, e um deles, o linguista Nicolas Ruwet, gostou tanto que o levou à França para estudá-lo.

Quando se tornaram vizinhos, Audubert e Zumthor inventaram juntos uma teoria linguística brincalhona. Segundo eles, a presença de cigarras no sul da Corrèze demarcava uma fronteira entre dois dialetos e duas culturas. A teoria foi levada a sério e comentada num jornal local, com uma ressalva: "Falta provar cientificamente essa afirmação".

Em seus últimos anos, Audubert teve sérios problemas cardíacos, e seu médico lhe disse que, se não parasse de comer a comida fastuosa de sua região, ele morreria. Ele respondeu: "Então prefiro morrer". A última vez que ele veio ao Brasil foi motivada pela posse, na Academia Brasileira de Letras, de seu ex-assistente na Universidade de Bordeaux, o poeta Antonio Carlos Secchin, em 2004. De passagem por São Paulo, compareceu a uma defesa de tese na USP e foi calorosamente ovacionado pelos professores presentes, quase todos seus ex-alunos. Ele estava com 75 anos e morreu dois anos depois. Não tinha filhos, mas deixou um sobrinho que, fiel à sua terra como o tio, instalou-se na Corrèze como médico rural.

* * *

Na Flip de 2007, minha vizinha de quarto era Nadine Gordimer (1923-2014), prêmio Nobel de literatura em 1991. Cruzava com ela na varanda e ela me dirigia um sorriso. Uma noite, voltei cedo para a pousada. À beira da piscina, um grupo de jovens curtia a happy hour. Juntei-me a eles e ficamos lá conversando e bebendo um prosecco. Eles eram inteligentes, informados e divertidos.

De repente, apareceu Nadine Gordimer. Miúda, já velhinha, tinha um rosto delicado e um olhar bondoso. Estava sozinha, agasalhada num grande xale. Ela veio em nossa direção, pediu licença, puxou uma cadeira e disse a uma garçonete: "*Whisky, please*". A garçonete respondeu que não podia servir uísque, estavam servindo apenas vinho. Chamei a garçonete de lado e lhe disse que precisava servir uísque àquela senhora, porque ela era a hóspede mais importante da pousada. A moça foi lá dentro e voltou com um copo de uísque.

Os jovens falavam inglês. A escritora confraternizou logo com o grupo e contou-nos: "Meu marido, que faleceu há alguns anos, gostava muito de uísque. Quando éramos jovens, no fim da tarde ele dizia: '*It's whisky time!*'. O problema é que, à medida que os anos passavam, ele dizia isso cada vez mais cedo e eu respondia: '*Not yet*'. Agora, todas as noites, antes de ir dormir, eu tomo uma dose de uísque".

O regime parece ter-lhe feito muito bem, porque ela viveu até os 91 anos, com a mesma lucidez e a mesma generosidade com que combateu, em suas obras, o apartheid de seu país, a África do Sul.

* * *

Aquela mulher era alta e bela. Aquela mulher era calada. Aquela mulher parecia estar fechada ao mundo. Seus olhos tinham penetrado tão fundo nas pessoas, nos animais e nas coisas, que se apagaram para não ver mais nada. Eram opacos, como que voltados para dentro. Suas mãos tinham se queimado em milhares de palavras ardentes, e agora jaziam pousadas em seu colo. Aquela mulher era uma majestade. Aquela mulher era Clarice Lispector (1920-1977).

Em 1975, na casa de Affonso Romano de Sant'Anna e Marina Colasanti, eu estava sentada ao seu lado e fora encarregada de lhe transmitir um convite. Minhas amigas Maryvonne Lapouge e Clélia Piza estavam preparando um livro sobre mulheres brasileiras para a editora parisiense Des Femmes e desejavam entrevistá-la. Transmiti o recado e Clarice respondeu: "Eu não gosto dessa coisa de feminismo. Quando escrevo, não sou mulher. Sou homem e mulher, homem ou mulher". Mais tarde, verifiquei que ela fizera essa mesma afirmação por escrito.

A escritora se retirou às dezenove horas, porque dormia cedo e se levantava de madrugada. Depois de sua partida, a reunião prosseguiu normalmente. Chamando-me à parte, a anfitriã Marina Colasanti me disse que Nélida Piñon poderia convencer Clarice a dar a entrevista. Não sei de quem foi a intervenção, mas alguns meses depois a escritora recebeu as entrevistadoras. Clarice morreu no mesmo ano em que foi publicado o livro *Les Brésiliennes*, da editora feminista. A entrevista aconteceu, mas as respostas de Clarice às perguntas foram longos silêncios.

* * *

Uma vez, numa reunião de várias pessoas na casa dos Raillard, alguém propôs um concurso. Cada um diria qual foi a pessoa mais extraordinária que havia conhecido. Um a um, citamos escritores e artistas famosos com os quais tínhamos estado. Chegada a vez de Georges, ele disse: "Quando eu era pequeno, em Marseille, conheci Stan Laurel e Oliver Hardy [o Gordo e o Magro do cinema mudo] e brinquei com eles". Ganhou estourado.

Epílogo

Quando minha neta tinha oito anos, fui buscá-la na escola e lhe perguntei o que ela havia aprendido naquele dia. Ela me disse ter aprendido que o Brasil não tem montanhas. Argumentei:

— Não é bem assim. Eu mesma passei minha infância numa região montanhosa de Minas Gerais.

Resposta:

— É que no seu tempo ainda havia montanhas. Depois vieram os ventos e sopraram tão forte que acabaram com elas. E tudo ficou plano.

Agradecimentos

Agradeço a Luiz Schwarcz e a Otavio Marques da Costa, que leram este livro em sua primeira versão e o melhoraram com as suas preciosas sugestões.

Créditos das imagens

p. 1: Dulce Carneiro. Retirada do livro *Flexor*, de Alice Brill. São Paulo: Edusp, 2005

pp. 2-4, 6, 7 (acima), 9 (abaixo), 10, 13 (acima), 14, 15 e 16 (acima): Bridgeman Images/ Easypix Brasil

p. 5: Fotógrafo não identificado/ Acervo Decio de Almeida Prado/ Instituto Moreira Salles

p. 7 (abaixo): PhotoAisa/ Easypix Brasil

p. 8 (acima): Luiz Braga

p. 8 (abaixo): Carlos Namba/ Abril Comunicações S.A.

pp. 9 (acima) e 11 (abaixo): Acervo da autora

p. 11 (acima): Maria Eduarda Colares

p. 12: Marcia Ramalho

p. 13 (abaixo): Paulo Ricardo

p. 16 (abaixo): Márcia Lessa

Índice onomástico

80 poemas (Leminski), 157

À la recherche du temps perdu (Proust), 50

Ab'Saber, Aziz, 176

Abelaira, Augusto, 44

Abramo, Lívio, 22

Adler, Laure, 187

Agora é que são elas (Leminski), 158

"Albertine Sarrazin: au fil du texte" (Willemart), 79

Albuquerque, Luís de, 45

Alechinsky, Pierre, 64

Alegria breve (Vergílio Ferreira), 44

Alice (amiga de Leyla Perrone-Moisés), 36

Alkmin, Maria Antonieta d', 98

Allen, Woody, 205

Almeida, Baby de, 37-8

Almeida, Guilherme de, 37-8

Almeida Prado, Décio de, 25-30, 51

Amado, Jorge, 69-70, 103

Amaral, Glória Carneiro do, 70

Amaral, Tarsila do, 36, 98

Amor feliz, Um (Mourão-Ferreira), 44

Amora, Antonio Soares, 48

Ana Carolina (cineasta), 161

Anarquistas da Espanha (Lapouge), 195

Andrade, Joaquim Pedro de, 174

Andrade, Mário de, 39, 174-5, 185

Andrade, Oswald de, 98, 118, 185

André Malraux, interrogação ao destino (Vergílio Ferreira), 45

Andresen, Sophia de Mello Breyner, 44, 48

Andrews, Zilda, 20-1

Ano da morte de Ricardo Reis, O (Saramago), 165, 167

Antologia de poesia portuguesa erótica e satírica (org. Natália Correia), 43

Antonioni, Michelangelo, 115

Ao contrário de Penélope (Prado Coelho), 139

Aparição (Vergílio Ferreira), 44

Arbex, Márcia, 61

Aristóteles, 120, 198

Arquipélago Gulag, O (Soljenítsin), 193

Arrigucci Jr., Davi, 111

Artaud, Antonin, 183

Asno e a abelha, O (Lapouge), 195

"Aspectos do *nouveau roman*" (Leyla Perrone-Moisés), 26, 51

Astragale, L' (filme de 1968), 80

Astragale, L' (filme de 2016), 80

Astragale, L' (Sarrazin), 73-4, 79

Atlas dos paraísos perdidos (Lapouge), 196

Aubert, Bernard, 129

Audubert, Albert, 31, 83, 85, 221-3

Autonautas de la cosmopista, Los (Cortázar e Dunlop), 113

Avalovara (Osman Lins), 103, 104

Avesso da história contemporânea, O (Balzac), 131

Azevedo, Aroldo de, 176

Azevedo, d. Georgina Vicente de, 37-8

"Babas del diablo, Las" (Cortázar), 115

Bagoni, Enrico, 96

Ballalai, Roberto, 219

Bardi, Pietro, 14

Bardot, Brigitte, 84

Barros, Maria Antonieta, 20

Barthes, Roland, 11, 24, 28-9, 34, 53, 58, 66, 82, 84-5, 89, 104, 122-30, 133, 158, 182, 191-2, 198, 204, 206-7

Bashô, 158

Batalha de Farsália, A (Simon), 71

Baudelaire, Charles, 158

Beauvoir, Simone de, 183

Beckett, Samuel, 54, 70, 183-4, 219-20

Behar, Lisa Block de, 147

Ben Jor, Jorge, 162

Bender, Maria Emilia, 170

Benedetti, Mario, 153

Berardinelli, Cleonice, 217

Berlinck, Izar do Amaral, 20

Bernanos, Georges, 50

Bernardet, Jean-Claude, 50

Bernardo, Fernanda, 211

Bianciotti, Hector, 114

Bibliographia Brasiliana (Borba de Moraes), 38

Bípedes (pinturas de Flexor), 19

Bisilliat, Maureen, 169

Blanchot, Maurice, 27-8, 66, 124

Blin, Roger, 220

Bloch, Marc, 175

Bloom, Harold, 198

Blow Up (filme), 115

Bo Bardi, Lina, 14

Boal, Augusto, 203

Boisdeffre, Pierre de, 51, 149-51

Boisdeffre, Raoul Le Mouton de, 150

Bolor (Abelaira), 44

Bombal, Maria Luisa, 152

Bonde, O (Simon), 71

Bonomi, Andrea, 92-3

Borges, Jorge Luis, 70

Bosch, Hieronymus, 42

Bosque dos namorados, O (Lapouge), 195

Bouvier, Maurice, 73

Braga, Marta, 163

Braudel, Fernand, 175-6, 190

Brésiliennes, Les (Maryvonne Lapouge e Clélia Piza), 225

Breton, André, 181

Brill, Alice, 22

Brito Broca, 27

Brooks, Peter, 132
Buarque, Chico, 69, 83, 169, 185
Bukowski, Charles, 91
Butor, Marie-Jo, 58, 60-1
Butor, Michel, 25, 28, 51, 55-62, 124, 183

Cabrera Infante, Guillermo, 99
Cadernos de Lanzarote ii (Saramago), 168-9
Calcanhoto, Adriana, 161
Câmara clara, A (Barthes), 123
Camões, Luís de, 45, 134, 217
Campos, Augusto de, 59-60, 161
Campos, Carmen de, 90, 95
Campos, Haroldo de, 33, 59-60, 81-3, 89-99, 107-9, 111, 124, 131, 161, 193, 205, 219
Campos, Ivan de, 95
Camus, Albert, 50, 150-1, 181
Candido, Antonio, 25-34, 118
Cantos de Maldoror, Os (Lautréamont), 108-9, 146
Caprichos & Relaxos (Leminski), 157
Cardoso, Fernando Henrique, 35, 202-3
Carmen Lídia ("afilhada" de Oswald de Andrade), 98
Carte postale, La (Derrida), 206
Casais Monteiro, Adolfo, 45-7, 214-5
Casaril, Guy, 80
Castelo Branco, Camilo, 134
Castro, Ferreira de, 43-4
Catalunha, 65, 179
Caton e Catule (gatos dos Lapouge), 192
Cavalcanti, Péricles, 97
Cavale, La (filme de 1971), 80
Cavale, La (Sarrazin), 73-4

Caverna, A (Saramago), 169
Ceccarelli, Emília, 20
Cencini, Italo, 35
Cesariny, Mário, 44
Cézanne, Paul, 206
Chandeigne, Michel, 177
Change (revista), 125
Charada (filme), 9
Chemin de la vie, Le (Adler e Nadeau), 187
"Chove chuva" (canção), 162
Circonfession (Derrida), 210
Cixous, Hélène, 187, 206
Clareza e mistério da crítica (Casais Monteiro), 47
Clark, Lygia, 161
"Claude Simon: faire en défaisant" (Amaral), 70
Clave do poético, A (Benedito Nunes), 116, 120
Clima (revista), 26, 28
Coetzee, J. M., 123, 184
Colasanti, Marina, 225
Colette, 26
Collor de Mello, Fernando, 60
"Colombos, Os" (Pessoa), 144
Colóquio/Letras (revista), 134-5
Colunga, Alejandro, 163
Com Roland Barthes (Leyla Perrone-Moisés), 122
Combat (jornal), 181, 191
"Como ensinar literatura" (Prado Coelho), 139
"Como o pensamento de Derrida deu a volta ao mundo" (Cousset), 212
Conquête de l'Amérique: La Question de l'autre, La (Todorov), 87
Cordeiro, Waldemar, 22
Correia, Natália, 43-4, 48

Cortázar, Julio, 103, 107-15, 153
Cortesão, Jaime, 95
Cortesão, Maria da Saudade, 95
Costa, Gal, 161
Coste, Claude, 189
Cousset, François, 212
Crespo, Ángel, 143
Cruz e Souza, 158
Cunha, Manuela Carneiro da, 176

Danese, Sérgio, 202
Darío, Rubén, 71
De Gaulle, Charles, 150-1
De Man, Paul, 132-3, 198
Degrés (Butor), 55
Deguy, Michel, 66, 187, 211
Delaunay, Robert, 36
Deleuze, Gilles, 128
Derrida, Jacques, 46, 89, 132, 187, 197-212
Derrida, Marguerite, 199, 209, 211
Derrida, Pierre, 211
Derrumbamiento, El (Armonía Somers), 151
Desconstruindo Harry (filme), 205
Desenvolvimento do quadrado (tela de Leyla Perrone-Moisés), 20
Diário de luto (Barthes), 127
Dicionário das literaturas portuguesa, galega e brasileira (ed. Prado Coelho), 134
Dicionário dos apaixonados pelo Brasil (Lapouge), 196
Dimas, Antonio, 175
Dom Quixote (Cervantes), 148
Don Pedro (fantasma uruguaio), 154
Donen, Stanley, 9
Dorso do tigre, O (Benedito Nunes), 119
Douchez, Jacques, 15, 18, 20

Dreyfus, Alfred, 150
Drummond de Andrade, Carlos, 163
Ducasse, Isidore *ver* Lautréamont, Conde de
Dufy, Raoul, 68
Dumarais, Sandrine, 80
Dunlop, Carol, 113
Duras, Marguerite, 183

Eco, Umberto, 94
Écrivains d'aujourd'hui (Pingaud), 51
Eisenstein, Serguei, 39
Éléments de semiologie (Barthes), 123
Eleutheria (Beckett), 184
Eller, Cássia, 161
Emploi du temps, L' (Butor), 55-6
En Attendant Nadeau (revista digital gratuita), 189
Encouraçado Potemkin, O (filme), 39
Ensaios críticos (Barthes), 130
Équinoxiales (Lapouge), 116
Ère du soupçon, L' (Sarraute), 52
Escritura e a diferença, A (Derrida), 197, 206
Essomericq (índio), 38, 177
Estado de S. Paulo, O (jornal), 10, 23, 25, 37, 39, 45, 90, 103, 190, 192, 196
Estrada de Flandres, A ver *Route des Flandres, La* (Simon)
Estruturas narrativas, As (Todorov), 84
Estudos Avançados (revista), 119
Evangelho na taba: Problemas inculturais brasileiros, O (Osman Lins), 101
Evangelho segundo Jesus Cristo, O (Saramago), 166-8, 171-2
Express, L' (revista), 182
Extension du domaine de la lutte (Houellebecq), 184

Faerman, Marcos, 112, 114
Fausto, Ruy, 39
Felman, Shoshana, 128
Feltrinelli, Giangiacomo, 92-3
Feltrinelli, Signora, 93
Fernandes, Florestan, 32
Fernando, rei da nossa Baviera (Lourenço), 214
Fernando Pessoa: Aquém do eu, além do outro (Vergílio Ferreira), 45
Fernando Pessoa revisitado (Lourenço), 214
Ferraz, Geraldo, 23, 36
Ferreira, Jerusa Pires, 221
Ferreira, Vergílio, 44-6
Fiel e a pedra, O (Osman Lins), 105
Figaro Littéraire, Le (jornal), 191
Figuras e problemas da literatura brasileira contemporânea (Casais Monteiro), 47
Finas, Lucette, 187
Finazzi-Agrò, Ettore, 144
Fiore, Ottaviano de, 35
Flaubert, Gustave, 104
Flexor (Brill), 22
Flexor, André Victor (Dudu), 21
Flexor, Jean-Marie (Jeannot), 21
Flexor, Margot, 21, 24
Flexor, Samson, 13-24, 36-8, 64, 122
Florence (aluna de Robbe-Grillet), 53
Flores da escrivaninha (Leyla Perrone-Moisés), 61
Florinda (diarista portuguesa), 85
Folha de S.Paulo (jornal), 23, 70, 160, 166, 171-2, 183, 200-1, 217
Fontaine, Joan, 40
Foucault, Michel, 117, 128
Fraccaroli, Caetano, 22

Fragmentos de um discurso amoroso (Barthes), 123
France Observateur (revista), 182
Francis, Paulo, 70-1
French Theory (Cousset), 212
Fruits d'or, Les (Sarraute), 52

Gadelha, Dedé, 97-9
Gagnebin, Jeanne-Marie, 201
Galard, Jean, 84, 199, 210-1
Galáxias (Haroldo de Campos), 97
Galvão, Patrícia *ver* Pagu
Garrett, Almeida, 134
Gêneros do discurso, Os (Todorov), 86
Genette, Gérard, 86
Geórgicas, As (Simon), 71
Giannotti, Arthur, 202-3
Gil, Gilberto, 97, 161
Giraudoux, Jean, 50
Goldemberg, José, 175
Goldstein, Andrée, 42
Gombrowicz, Witold, 184
Gomes, Paulo Emílio Sales, 28, 104
Gonçalves, Nuno, 42
Gonneville, Paulmier de, 38, 177
Gordimer, Nadine, 224
Graças lhes sejam rendidas (Nadeau), 188
Graciano, Clóvis, 22
Gramatologia, A (Derrida), 197
Grande sertão: veredas (Guimarães Rosa), 106
Grant, Cary, 9
Grassmann, Marcello, 22
"Grau zero da escrita, O" (Barthes), 182
Gregori, José, 202
Gregório de Matos (filme), 161
Gruber, Mário, 22

Guerra sem testemunhas (Osman Lins), 101

Guersoni, Odetto, 22

Hardy, Oliver, 226

Hartman, Geoffrey, 198

Henestrosa, Rodolfo, 152

Hepburn, Audrey, 9

Herbe, L' (Simon), 64-5, 67

Hernández, Felisberto, 153-4

Heterodoxias (Lourenço), 214

Histoire (Simon), 67-8

Histoire du surréalisme (Nadeau), 181

Histoire vivante de la littérature d'aujourd'hui, Une (Boisdeffre), 51, 151

História da literatura brasileira (Stegagno Picchio), 140

História do cerco de Lisboa (Saramago), 171

Hitler, Adolf, 181

Holanda, Sérgio Buarque de, 28

Hora da estrela, A (Lispector), 106

Houellebecq, Michel, 184

Huis clos (Sartre), 129

Humanité, L' (jornal), 203

Hunter, Jeffrey, 40

Huston, Nancy, 86

"Império literário de Michel Butor, O" (Leyla Perrone-Moisés), 61

Inimigos íntimos da democracia, Os (Todorov), 87

Inquisitoire, L' (Pinget), 54

Inrockuptibles, Les (revista), 88

"Irene" (canção), 93

Jakobson, Roman, 82, 141, 175, 218-9

Jangada de pedra, A (Saramago), 166, 171

Jean-Christophe (Rolland), 50

Jesus Cristo, 21, 158, 166, 209

Jobim, Tom, 83

Jornal da Tarde, 166

Jornal do Brasil, 207

Journal de deuil (Barthes), 127

Kamiá (amante de Oswald de Andrade), 98

Kamuf, Peggy, 210-1

Kant, Immanuel, 120

Karman, Ernestina, 20

Karvelis, Ugné, 109, 113

Kasprykowsky, Regina, 44-5

Katz, Renina, 22

Kristeva, Julia, 82-5, 89, 123, 125

Labirinto da saudade: Psicanálise mítica do destino português, O (Lourenço), 214

Lacan, Jacques, 46, 89-90, 128, 218

Ladeira, Julieta de Godoy, 100, 103-4

Laforgue, Jules, 148

Langages (revista), 141

Lapouge, Benoît, 192

Lapouge, Gilles, 84-5, 90, 99, 116-7, 180, 187, 190-3, 195-6

Lapouge, Jerôme, 193

Lapouge, Laure-Marie, 192

Lapouge, Maryvonne, 103, 191-2, 225

Lapouge, Mathilde, 193

Laurel, Stan, 226

Lautréamont, Conde de, 27-8, 31, 61, 89, 108-9, 115, 146-8, 154, 158, 181, 188

Lautréamont austral (Perrone-Moisés e Rodríguez Monegal), 132, 148, 188

Lautréamont par lui-même (Pleynet), 61

Leal, Claudio, 217
Lefèbvre, Lucien, 175
Lefèvre, Jean-Paul, 210
Léger, Fernand, 15
Leirner, Nelson, 21
Leite Neto, Alcino, 200
Leminski, Miguel Ângelo, 157
Leminski, Paulo, 155-61
"Leminski, o samurai malandro" (Leyla Perrone-Moisés), 157
"Letras francesas" (coluna do Suplemento Literário), 27, 30, 51
Lettres Nouvelles, Les (revista), 184
Levi, Rino, 20
Lévi-Strauss, Claude, 174-8, 218
Lhote, André, 15, 64
Lima, Luiz Costa, 33
Lins, Osman, 90, 100-6, 180, 185, 191
Lins, Paulo, 69
Lispector, Clarice, 102, 106, 118, 152, 185, 225
Littérature (revista), 115
Littérature en danger, La (Todorov), 87
Littérature et signification (Todorov), 82
Livraria Francesa (São Paulo), 26, 39, 51
Livre à venir, Le (Blanchot), 27, 66
Livro do desassossego (Pessoa), 135-6, 158
"London, London" (canção), 98
Loparic, Zeljko, 201
Lou (amiga de Albertine Sarrazin), 73
Lourenço, Eduardo, 119, 143, 213-4
Lowry, Malcolm, 184
Lyotard, Jean-François, 128

Macaco do relógio, O (Lapouge), 195
Macalé, Jards, 161

MacMurray, Fred, 40
Macunaíma (filme), 174-5
Macunaíma (Mário de Andrade), 174
Mãe Menininha do Gantois, 113
Major, René, 207-8
Mallarmé, Stéphane, 23, 59-60
Mallet, Emilio, 15-6
Malraux, André, 45, 151
Mandela, Nelson, 212
Manhã submersa (Vergílio Ferreira), 44
Maria Bethânia, 112, 161
Marinheiro de primeira viagem (Osman Lins), 100
Marinheiro, Elizabeth, 135
Maroquinhas, d. (mãe de Alice), 36
Martine (namorada de Tzvetan Todorov), 84-6, 89
Masurovsky, Gregory, 58
Matarazzo, Ciccillo, 24
Matisse, Henri, 15
Matos, Gregório de, 140, 161
Matos, Olgária, 205
Mattar, Denise, 24
Mauriac, François, 50
Mauro, Alessandra, 145
Me segura que eu vou dar um troço (Waly Salomão), 160
Melo Neto, João Cabral de, 69, 118
Memorial do convento (Saramago), 171
Mendes, Murilo, 95-6, 140
Mensagem (Pessoa), 141
Mercure de France (revista), 182
Merleau-Ponty, Maurice, 68, 181
Mesure du monde: Représentation de l'espace au Moyen-Âge, La (Zumthor), 222
"Meu caminho na crítica" (Benedito Nunes), 119

Mil e uma noites, As (contos árabes), 62

Miller, Henry, 184

Miller, Hillis, 198

Milliet, Sérgio, 36

Miró, Joan, 67, 69

Miss Cyclone (amante de Oswald de Andrade), 98

Mitrani, Michel, 80

Mitterrand, François, 149, 203

Mobile: Étude pour une représentation des États-Unis (Butor), 56, 59

Modification, La (Butor), 25, 55

Moisés, Massaud, 41

Monbeig, Pierre, 175-6

Monde, Le (jornal), 113, 191

Monde Diplomatique, Le (jornal), 183

Moraes, Rubens Borba de, 37-8

Morandi, Giorgio, 75

Mourão-Ferreira, David, 44

Mujer desnuda, La (Armonía Somers), 151, 153

Mulheres, a pornografia, o erotismo, As (Lapouge), 195

Murnau, F. W., 39

Mythologies (Barthes), 123, 182

Mythologiques (Lévi-Strauss), 175

Nadeau, Gilles, 188

Nadeau, Maurice, 180-91

Namora, Fernando, 44

Nancy, Jean-Luc, 209-10

Nascimento, Evando, 209

Nassar, Raduan, 69, 169-70, 185

Natali, João Batista, 201

Nausée, La (Sartre), 50

Navalhanaliga (Alice Ruiz), 157

Navilouca (revista), 161

Negreiros, Almada, 42-3, 48, 85

Nerval, Gérard de, 158

Neutro, O (Barthes), 124, 127

New York Review of Books (revista), 188

Nicola, Norberto, 15, 20

Niemeyer, Oscar, 204

Noigandres (revista), 59

Noites tranquilas em Belém (Lapouge), 196

Nós e a Europa (Lourenço), 214

Nosferatu (filme), 39

Nouvelle critique, nouvelle imposture (Picard), 29

Nouvelle Quinzaine Littéraire (revista), 189

Novas cartas portuguesas (ed. Natália Correia), 43

Nove, novena (Osman Lins), 103-5, 180, 191

Novo romance francês, O (Leyla Perrone-Moisés), 28

Nunes, Benedito, 116-21, 217

O'Neill, Alexandre, 44-8

Obs, L' (revista), 212

Ocampo, Silvina, 152

Oh Les Beaux Jours (Beckett), 220

Oiticica, Hélio, 105, 161

Ollier, Marie-Louise, 221

Orozco, José, 162

Orpheu (revista portuguesa), 42, 45

Osório Cesar, 22

Ostrower, Fayga, 21

"Otro cielo, El" (Cortázar), 109, 115

Ouvrez les Guillemets (programa de TV), 192

"Oxymorons dialectiques de Fernando Pessoa, Les" (Stegagno Picchio), 141

Pacheco e Chaves, Anésia, 21
Pachet, Pierre, 189
Paes, Dora, 100
Paes, José Paulo, 100, 219
Pagu (Patrícia Galvão), 35-6, 98
Painéis de São Vicente de Fora (Gonçalves), 42
Paixão segundo G.H., A (Lispector), 106
Palace, Le (Simon), 64-7
Palanti, Mario, 152
Panorama de la nouvelle littérature française (Picon), 51
Particules élémentaires, Les (Houellebecq), 184
Passage de Milan (Butor), 55
"Passages: Isidore Ducasse, Benjamin et Julio Cortázar" (Leyla Perrone-Moisés), 115
Pauvert, J.-J., 78
Paz, Octavio, 86, 112
Pellegrino, Carlos, 147, 149, 151
Pensée sauvage, La (Lévi-Strauss), 175
Penteado, d. Olívia Guedes, 37
Perec, Georges, 183-4
Perrone, Fernando, 32
Perrone-Moisés, Beatriz, 87, 176, 198
Perrone-Moisés, Cláudia, 197
Pescados vivos (Waly Salomão), 163
Pessanha, Camilo, 48
"Pessoa como pura virtualidade" (Lourenço), 217
Pessoa, Fernando, 5, 43, 45-8, 118, 134-8, 140-5, 158, 165, 214, 216, 219
Picard, Raymond, 29, 58
Picasso, Pablo, 36, 68
Picon, Gaëtan, 51
Pignatari, Décio, 161

Pilar del Río, 166, 168
Pingaud, Bernard, 51
Pinget, Robert, 51, 53-4
Piñon, Nélida, 225
Piratas, Os (Lapouge), 195
Pires, Paulo Roberto, 207
Piza, Clélia, 225
Plaisir du texte, Le (Barthes), 123, 192
Planétarium, Le (Sarraute), 52
Platão, 206
Pleynet, Marcelin, 61
Poética (Aristóteles), 198
Poétique (revista), 85-6
Policarpo, são, 104
Pompeia, Raul, 185
Ponge, Francis, 28
Porchat, Oswaldo, 39
Portugal Futurista (revista), 43
Pound, Ezra, 92
Pousseur, Henri, 56
Prado, Caio Graco, 158
Prado Coelho, Eduardo, 138-9
Prado Coelho, Jacinto do, 134-9
Preparação do romance, A (Barthes), 127
Presença (revista), 46
"Projeto Léry-assu: relações da literatura brasileira com a literatura francesa"(Leyla Perrone-Moisés), 33
Proust, Marcel, 50, 72, 128

Queirós, Eça de, 134
Queiroz, Maria Isaura Pereira de, 26
Quelqu'un (Pinget), 54
Questions de poétique (Jakobson), 141-2
Quinzaine Littéraire, La (revista), 60, 180, 182, 184, 186-9, 191

Race et histoire (Lévi-Strauss), 177
Raillard, Alice, 69, 109, 113

Raillard, Georges, 69, 109, 113, 226

Raillard, Henri, 69

Raimo, Leopoldo, 15-6, 20

Rainha, José, 203

Reali Júnior, 192

Renaud, Madeleine, 220

"Retábulo de Santa Joana Carolina" (Osman Lins), 104

Revista de Antropofagia, 185

Rezende, Pola, 22

Ribeiro, Lucila, 50

Ribeiro, Renato Janine, 162, 201

Ricardou, Jean, 66

Rimbaud, Arthur, 158, 181

Robbe-Grillet, Alain, 26, 28, 51, 53, 64

Robbe-Grillet, Catherine, 53

Roberto Carlos, 98

Rocha, Glauber, 90

Roche, Denis, 187

Roda Viva (programa de tv), 172

Rodríguez Monegal, Emir, 132, 147-8, 198

Roland Barthes, o saber com sabor (Leyla Perrone-Moisés), 122

Roland Barthes Plural (colóquio paulistano, 2015), 124

Roland Barthes por Roland Barthes (livro), 85

Rolland, Romain, 50

Rosa, Guimarães, 47, 102, 106, 118, 157, 223

Roudinesco, Elisabeth, 187

Rousseau, Jean-Jacques, 88

Roussel, Raymond, 160, 162

Route des Flandres, La (Simon), 64, 67, 71

Ruído da neve, O (Lapouge), 195

Ruiz, Alice, 156-8

Rush, Barbara, 40

Ruwet, Nicolas, 89, 223

Sá-Carneiro, Mário de, 43, 48

Sacilotto, Luiz, 22

Sade, Fourier, Loyola (Barthes), 11

Salazar, António de Oliveira, 47-8, 134

Salgado, Sebastião, 169

Salomão, Waly, 160-4

Salomon, Annie, 213, 216-7

"Saltimbancos" (Almada Negreiros), 43

Sambonet, Roberto, 14

Samoyault, Tiphaine, 189

Samson Flexor: Do figurativismo ao abstracionismo (Brill), 22

Sant'Anna, Affonso Romano de, 225

Sapir, Edward, 90

Saraiva, Arnaldo, 143

"Saramago e um sobrevivente: Ricardo Reis" (Leyla Perrone-Moisés), 166

Saramago, José, 48, 165-73

Sarduy, Severo, 124-5, 131, 188

Sarraute, Anne, 186

Sarraute, Nathalie, 51-2, 183, 186

Sarrazin, Albertine, 72-80

Sarrazin, Julien, 73, 79

Sartre, Jean-Paul, 50-1, 129, 150, 181, 183

Saussure, Ferdinand de, 82

Schnaiderman, Boris, 83, 111

Schwarcz, Lilia, 169

Schwarcz, Luiz, 87, 123, 158, 169

Sciascia, Leonardo, 184

Secchin, Antonio Carlos, 224

Segall, Lasar, 36

Seixo, Maria Alzira, 46, 168, 170

Selva, A (Ferreira de Castro), 43

Semana de Arte Moderna (1922), 40

Sentidos e o sentido: Literatura e cultura portuguesas em debate — Homenageando Jacinto do Prado Coelho, Os (livro coletivo), 135

Simon, Claude, 28, 51, 54, 63-71, 124, 183

Simonal, Wilson, 84

"Situação do *nouveau roman*" (Leyla Perrone-Moisés), 51

Smith, Patti, 79

Snoopy (personagem), 108

Soares, Mário, 141, 145

Sócrates, 206

Soljenítsin, Alexander, 193-4

Sollers, Philippe, 84-5, 125, 204

Somers, Armonía, 151-2, 154

Sontag, Susan, 123

"Soroco, sua mãe, sua filha" (Guimarães Rosa), 223

Soulages, Pierre, 64

Stegagno, Nino, 142-3

Stegagno Picchio, Luciana, 95-6, 135, 140-5

Supervielle, Jules, 148

Sur la Littérature (Barthes e Nadeau), 182

Sur Racine (Barthes), 29, 123

Sy, Brigitte, 80

Tabucchi, Antonio, 145

Tansey, Mark, 206

Tapiès, Antoni, 64, 69

Tchecoslováquia, 203, 218

Teixeira, Alberto, 15-6, 20

Tel Quel (revista), 85, 104, 125, 204

Tempo e poesia (Lourenço), 214

Tentações de Santo Antão (tríptico de Bosch), 42

Teoria dos símbolos (Todorov), 86

Terra (Sebastião Salgado et al.), 169

Texto, crítica, escritura (Leyla Perrone-Moisés), 33

Textos filosóficos (Pessoa), 119

Théorie de la littérature (trad. Todorov), 82

Thiollier, René, 37

Tinta do viajante, A (Lapouge), 195

Tlaquepaque (México), 162-3

Toda poesia (Leminski), 159

Todorov, Boris, 86

Todorov, Tzvetan, 81-9

Todos los fuegos el fuego (Cortázar), 115

Torquato Neto, 161

Traversière, La (Sarrazin), 77-8

Trigo e o joio, O (Namora), 44

Tristes Tropiques (Lévi-Strauss), 175

Trótski, Leon, 181

Turista aprendiz, O (Mário de Andrade), 185

Tutameia: Terceiras histórias (Guimarães Rosa), 106

"Ultimatum futurista" (Almada Negreiros), 43

"Ulysses" (Pessoa), 141

Utopia e civilizações (Lapouge), 195

Valéry, Paul, 120

Valise de Cronópio (Cortázar), 111

Van Gogh, Vincent, 75

Vargas Llosa, Mario, 70-1

Veja (revista), 207

Veloso, Caetano, 83, 93, 97-9, 112, 161

Vent, Le (Simon), 64, 67

Verdade tropical (Caetano Veloso), 99

Verde, Cesário, 48

Vernant, Jean-Pierre, 183, 199
Vianna, Helena Besserman, 207
Vie en littérature, Une (Sojcher e Nadeau), 187
Villa-Lobos, Heitor, 85
Vinte luas: Viagem de Paulmier de Gonneville ao Brasil (1503-1505) (Leyla Perrone-Moisés), 38, 177, 185
Vivaldi, Antonio, 104
Voiles (Derrida e Cixous), 206
Volpi, Alfredo, 22
Voltaire, 130, 137, 204
Von Wartburg, Walther, 221

Vontade Construtiva na Coleção Fadel (exposição no MAM, 2013), 24
Votre Faust (ópera-mobile de Butor e Pousseur), 56

Wellek, René, 133
Willemart, Philippe, 79
Wladyslaw, Anatol, 21-2
Wolfenson, Bob, 170

Zanini, Mário, 22
Zé do Caixão, 161
Zumthor, Paul, 220-3